Direito Global, Governança e Nova Ordem Mundial

Coordenadores: Daniel Freire e Almeida • Alcindo Gonçalves • Fernando Rei

Abbas Poorhashemi
Alcindo Gonçalves
Alice Heil de Borba
Daniel Freire e Almeida
Danilo Fontenele Sampaio Cunha
Fernando Rei
Gilberto Marcos Antonio Rodrigues
Olavo de O. Bittencourt Neto
Oswaldo dos Santos Lucon
Salem H. Nasser
Verônica Scriptore Freire e Almeida

ALMEDINA
BRASIL

Rio de Janeiro, 2025

Direito Global, Governança e Nova Ordem Mundial

ALMEDINA é uma empresa do Grupo Editorial Alta Books (Starlin Alta Editora e Consultoria LTDA).

ISBN: 978-85-8493-790-5

Impresso no Brasil — 1ª Edição, 2025 — Edição revisada conforme o Acordo Ortográfico da Língua Portuguesa de 2009.

Dados Internacionais de Catalogação na Publicação (CIP)
(BENITEZ Catalogação Ass. Editorial, MS, Brasil)

D597
1.ed. Direito global, governança e nova ordem mundial / coordenadores Daniel Freire e Almeida, Alcindo Gonçalves, Fernando Rei. - 1.ed. - Rio de Janeiro : Almedina Brasil, 2025.
160 p.; 15,7 x 23 cm. - (Coleção obras coletivas)

Vários autores.
Bibliografia.
ISBN 978-85-8493-790-5

1. Compliance. 2. Crimes. 3. Direito digital. 4. Direito penal - Brasil. 5. Geopolítica. 6. Globalização. I. Almeida, Daniel Freire e. II. Gonçalves, Alcindo. III. Rei, Fernando. IV. Série.

04-2025/130 CDU 343.232(81)

Índice para catálogo sistemático:
1. Governança : Nova Ordem Mundial : Direito 343.232(81)
Aline Graziele Benitez - Bibliotecária - CRB-1/3129

Grupo Editorial Alta Books

Produção Editorial: Grupo Editorial Alta Books
Diretor Editorial: Anderson Vieira
Editora-Chefe: Manuella Santos de Castro
Vendas Governamentais: Cristiane Mutüs
Gerência Comercial: Claudio Lima

Produtora Editorial: Andreza Moraes
Diagramação: Aurélio Corrêa

ALTA BOOKS
GRUPO EDITORIAL

Rua Viúva Cláudio, 291 — Bairro Industrial do Jacaré
CEP: 20.970-031 — Rio de Janeiro (RJ)
Tels.: (21) 3278-8069 / 3278-8419
www.altabooks.com.br — altabooks@altabooks.com.br
Ouvidoria: ouvidoria@altabooks.com.br

Editora **afiliada à:**

SOBRE OS COORDENADORES

Daniel Freire e Almeida

Pós-Doutor em Direito Internacional pela Georgetown University, Law Center, em Washington DC, Estados Unidos da América (2015-2017).
Doutor em Direito Internacional pela Faculdade de Direito da Universidade de Coimbra, em Portugal, com reconhecimento e revalidação pela Universidade de São Paulo-USP (2008-2012).
Mestre em Direito Internacional pela Faculdade de Direito da Universidade de Coimbra, em Portugal, com reconhecimento e revalidação pela Universidade de São Paulo-USP (1999-2002).
Professor Permanente do Programa de Pós-Graduação Stricto Sensu- Doutorado e Mestrado em Direito da Universidade Católica de Santos.
Advogado, atuando, no Brasil e no exterior, nas áreas de Direito Internacional, Direito Digital e Direito Espacial.

Alcindo Gonçalves

Doutor em Ciência Política pela FFLCHUSP.
Professor e Coordenador do Programa de Pós-Graduação Stricto Sensu em Direito da Universidade Católica de Santos (UniSantos).

Fernando Rei

Doutor em Direito do Estado/Ambiental pela Universidade de Alicante.
Doutor em Direito Internacional pela Universidade de São Paulo.
Professor Titular do Centro Universitário Armando Álvares Penteado e Professor Assistente da Universidade Católica de Santos.

SOBRE OS AUTORES

Abbas Poorhashemi

Scientific member and President of the Canadian Institute for International Law Expertise (CIFILE)
Toronto, Canada.
Ph.D. -Université de Strasbourg, France.
Postdoctoral Fellow at the "Centre d'études sur le droit international et la mondialisation (CÉDIM)", Université du Québec à Montréal, Canada.

Alcindo Gonçalves

Doutor em Ciência Política pela FFLCHUSP.
Professor e Coordenador do Programa de Pós-Graduação Stricto Sensu em Direito da Universidade Católica de Santos (UniSantos).

Alice Heil de Borba

Doutoranda do Programa de Pós-Graduação em Ciências Humanas e Sociais da UFABC.
Mestra em Relações Internacionais pela UFSC.
Ex-assessora internacional do governo do estado de Santa Catarina e ex-Secretária Executiva do Fórum RI27 (2015-2019).

Daniel Freire e Almeida

Pós-Doutor em Direito Internacional pela Georgetown University, Law Center, em Washington DC, Estados Unidos da América (2015-2017).
Doutor em Direito Internacional pela Faculdade de Direito da Universidade de Coimbra, em Portugal, com reconhecimento e revalidação pela Universidade de São Paulo-USP (2008-2012).
Mestre em Direito Internacional pela Faculdade de Direito da Universidade de Coimbra, em Portugal, com reconhecimento e revalidação pela Universidade de São Paulo-USP (1999-2002).
Professor Permanente do Programa de Pós-Graduação Stricto Sensu- Doutorado e Mestrado em Direito da Universidade Católica de Santos.
Advogado, atuando, no Brasil e no exterior, nas áreas de Direito Internacional, Direito Digital e Direito Espacial.

Danilo Fontenele Sampaio Cunha

Mestre em Direito pela Universidade Federal do Ceará.
Doutor em Direito pela Pontifícia Universidade Católica de São Paulo-PUC-SP.
Juiz Federal da 11ª Vara/CE.
Professor do Curso de Direito do Centro Universitário 7 de Setembro- UNI7.

Fernando Rei

Doutor em Direito do Estado/Ambiental pela Universidade de Alicante.
Doutor em Direito Internacional pela Universidade de São Paulo.
Professor Titular do Centro Universitário Armando Álvares Penteado e Professor Assistente da Universidade Católica de Santos.

Gilberto Marcos Antonio Rodrigues

Doutor em Ciências Sociais pela PUC-SP.
Mestre em Relações Internacionais pela UPEACE, Costa Rica.
Professor Associado e docente dos Programas de Pós-Graduação em Relações Internacionais e Ciências Humanas e Sociais da Universidade Federal do ABC (UFABC).
Foi pesquisador visitante em universidades da Alemanha e dos EUA.

Olavo de O. Bittencourt Neto

Ph.D in International Law, Faculty of Law, University of São Paulo-USP (Brazil).
Member of the Board of the International Institute of Space Law (IISL).
Professor at Catholic University of Santos (Brazil) - PhD and Master´s Program.
E-mail: olavo.bittencourt@unisantos.br

Oswaldo dos Santos Lucon

Doutor em Energia pela USP.
Mestre em Ciências pela Universidade de Newcastle, Reino Unido.
Bacharel em Direito e Engenheiro Civil pela USP.
Professor Colaborador do Instituto de Energia e Ambiente da USP.
Assessor em Mudanças Climáticas da Secretaria de Infraestrutura e Meio Ambiente do Governo do Estado de São Paulo.
Autor do Painel Intergovernamental de Mudanças Climáticas, IPCC.

Salem H. Nasser

Doutor em Direito Internacional pela USP.
Professor e Coordenador do Centro de Direito Global e Desenvolvimento da FGV Direito SP.

Verônica Scriptore Freire e Almeida

Doutora em Direito Econômico pela Faculdade de Direito da Universidade de Coimbra, em Portugal, com reconhecimento e revalidação pela Universidade de São Paulo-USP (2009-2016).
Mestre em Direito Econômico pela Faculdade de Direito da Universidade de Coimbra, em Portugal, com reconhecimento e revalidação pela Universidade de São Paulo-USP (2005-2008).
Residiu em Washington DC, EUA, em período de Pesquisa Acadêmica Doutoral (2015-2016) e Pós-Doutoral (2016-2017) na Georgetown University (Law Center).
Professora Permanente do Programa de Pós-Graduação Stricto Sensu, Mestrado em Direito da Saúde, da Universidade Santa Cecília.
Advogada, atuando, no Brasil e no exterior, nas áreas de Direito Econômico, Trust Law, Direito Internacional, Direito Empresarial, Direito da Saúde e Direito Digital.

Nota dos Coordenadores

Com o final da Guerra Fria, iniciada simbolicamente com a queda do muro de Berlim em 1989 e após a fragmentação da URSS no ano de 1991, o mundo iniciou uma nova etapa de relações geopolíticas, definindo durante ao menos duas décadas os Estados Unidos como potência hegemônica e o sistema capitalista como determinante para a construção do que se denominou uma Nova Ordem Mundial, já que as discussões que permaneceram por décadas enfocadas nas disputas entre as ideologias antagônicas da Guerra Fria começaram a dividir espaço com outros problemas globais, como a erradicação da pobreza, a degradação ambiental e o terrorismo internacional, entre tantos temas.

No ano de 1992, foi realizada a Conferência das Nações Unidas para Meio Ambiente e Desenvolvimento, também conhecida como Rio 92, primeiro grande encontro promovido pela ONU após o início da Nova Ordem Mundial, que ensejava a construção de uma agenda global mais solidária para o milênio que se avizinhava. De fato, em todos os segmentos da sociedade ocorreu uma busca por ações ambientais e políticas públicas mais próximas da sustentabilidade social e ambiental.

No âmbito da globalização, que marcou a Economia e as Relações Internacionais a partir do final do século XX, várias são as manifestações que constituíram um processo único chamado desterritorialização, conduzido por um processo de governança, no qual o Estado perde parcial ou totalmente a soberania em seu território com relação a certas decisões. Essa perda se dá em função das necessidades de outro(s) Estado(s) ou em função das prioridades do capital globalizado, atuante na forma de empresas transnacionais, novos atores internacionais, cujos objetivos nem sempre coincidem com os objetivos do Estado e da própria sociedade.

Em meio a essa chamada Nova Ordem, vários foram os interesses que ultrapassaram as fronteiras de um ou mais países, tornando-se interesses globais, representados em agendas de governança e forçando, de certa forma, a desterritorialização, acabando por atestar outras leituras do mesmo processo de fim da era contemporânea, como o fim da História (Francis Fukuyama), o fim da Geografia (Paul Vírillo) e outros ¨fins¨ou ¨pós-tudo¨ (sociedade pós-industrial, pós-urbano, pós-humano) que foram anunciando a aurora de tal Nova Ordem.

E assim, durante as últimas décadas o Ocidente concebeu que a universalização da economia de livre mercado, que a primazia da democracia política e da ideologia dos direitos humanos seriam o padrão aceito globalmente por todos os países do mundo. Será?

A relevância de tal questionamento é renovada, em especial após a posse de Donald Trump, com as repercussões daí advindas.

Impulsionados pela dinâmica da governança global em determinadas agendas, novos atores de escala transnacional ou subnacional afirmaram sua crescente importância e legitimidade, reclamando que o mundo necessitava de um novo paradigma de Relações Internacionais e uma profunda revisão de alguns conceitos norteadores do Direito Internacional.

Pois bem, é nesse caldeirão de mudanças que surge a ideia da presente obra **Direito Global, Governança e Nova Ordem Mundial**, que além de trazer a reflexão qualificada de renomados pensadores sobre os temas, busca, na opinião dos organizadores, questionar se há uma ordem mundial definitiva em vigência.

Parece ser que há uma transição da ordem mundial que marcou o século XX para algum outro paradigma cujos traços ainda não estão definidos, por mais que se possam antever novos alinhamentos de estrutura de poder não "americanocêntricas" e seus possíveis reflexos. Será o futuro do Direito realmente global? Haverá uma ordem única?

Apesar dos impactos da guerra russo-ucraniana e suas consequências em diversas agendas, será que a elite globalista será inimiga da Rússia, particularmente num contexto de aproximação da China e dos países islâmicos virtualmente associados ao projeto eurasiano?

E, como se já pouco fosse, um novo capítulo do secular conflito entre Israel e Palestina recolocou o assunto na agenda geopolítica mundial, gozando as partes do apoio de potências regionais e globais em suas reivindicações.

Na opinião dos organizadores pode haver, como há, visões alternativas do Direito, da Governança e da arquitetura mundial que devem ser levadas em consideração e por isso estudadas.

Dentro deste contexto, por conseguinte, o livro é iniciado por capítulo de **Salem H. Nasser,** que aborda a temática do Direito Global. Para o Autor, o Direito Global deve ser compreendido como a multiplicidade de fenômenos normativos que atuam no mundo globalizado "e, ainda mais importante, as interações entre esses múltiplos fenômenos normativos".

Em relevante continuidade, **Alcindo Gonçalves** apresenta estudo sobre a Governança e a Ordem Global. Neste capítulo, o Autor principia pela governança global, avalia suas relações com a democracia e a globalização, e vislumbra perspectivas e desafios futuros. Na segunda parte, aborda o tópico da manifestação de uma nova ordem global, desencadeada por movimentos desglobalizantes e nacionalistas, que poderiam provocar resistências ao multilateralismo e a solidariedade internacional.

Nesta sequência, a obra é integrada por importante capítulo desenvolvido por **Fernando Rei**, que trata sobre a Governança Ambiental Global no Regime Internacional de Mudanças Climáticas, apontando seus reflexos na transição para uma Nova Ordem Mundial. Em seu tópico, o Autor discorre sobre o contexto da governança ambiental global, a contribuição internacional de governos subnacionais organizados em redes paradiplomáticas na dinâmica do regime internacional de mudanças climáticas, e as repercussões para uma transição para uma Nova Ordem Mundial.

Por sua vez, **Daniel Freire e Almeida** e **Verônica Scriptore Freire e Almeida** apresentam a proposta, no contexto enfocado pelo livro, de um Direito Global Digital. No referido capítulo, os Autores ponderam sobre o novo contexto digital global, ensejando que, para que exista um Direito em escala global, o conjunto de aplicação, na seara digital, deverá necessariamente ser constituído em estatura global. Neste sentido, os Autores dedicam-se à proposta de criação de um quadro jurídico global para a Internet.

Em prosseguimento, intitulado de Governança Global Subnacional e Paradiplomacia, vem o capítulo de autoria de **Gilberto Marcos Antonio Rodrigues** e **Alice Heil de Borba.** Os Autores examinam muito bem a governança global, as entidades subnacionais e a paradiplomacia, analisando os debates e configurações nacionais de regulação e incentivo à paradiplomacia, enfatizando o caso brasileiro. No mesmo sentido, discutem o papel das redes na governança global e regional, e aplicam o método SWOT (*Strengths, Weaknesses, Opportunities, Threats*) para avaliar fortalezas, debilidades, riscos e ameaças em relação a um possível avanço regulatório global da paradiplomacia.

Na ordem, **Abbas Poorhashemi,** do Canadá, analisa e discute as oportunidades e desafios enfrentados pela governança global da proteção ambiental. Para ele, a comunidade internacional, incluindo organizações não-governamentais, intensificou as discussões sobre a proteção ambiental como uma questão global e de direitos humanos. Em seu capítulo, o Autor destaca que essa perspectiva é oriunda de novos conceitos que contribuíram para a cobertura midiática e para a divulgação dos problemas ambientais em escala global.

A seu turno, **Oswaldo dos Santos Lucon** discorre sobre as Relações Geopolíticas e a Energia. Para o Autor, o atual panorama é "extremamente ambicioso e adiciona um considerável grau de complexidade às políticas climáticas". Neste capítulo, após abordar a segurança energética, as fontes renováveis de energia, as usinas nucleares, os combustíveis fósseis, e a eletricidade, conclui que o multilateralismo proposto pelo sistema ONU "se encontra em xeque face às ameaças pelo uso da força e a imposição de medidas protecionistas assimétricas que desestabilizam as expectativas que embasam as trajetórias necessárias para atingir as metas do Acordo de Paris". No entanto, destaca que a comunidade internacional está mais consciente sobre a importância da segurança energética, alimentar, geopolítica e socioambiental.

Em importante sequência, **Olavo de O. Bittencourt Neto** disserta sobre as perspectivas e o legado do Grupo Internacional de Trabalho da Haia sobre Governança de Recursos Espaciais ("The Hague International Space Resources Governance Working Group"). De fato, trata-se de trabalho pioneiro sobre a governança global aplicada no segmento dos recursos espaciais. O Autor, na qualidade de vice-presidente do referido grupo internacional, contribuiu no desenvolvimento de um quadro regulamentar aplicável ao uso de materiais minerais em corpos celestes. Neste âmbito, destaca que os arranjos multilaterais podem fornecer bases interessantes para negociações internacionais, incluindo aquelas dedicadas ao estudo e desenvolvimento de um quadro jurídico global eficaz aplicável às atividades espaciais, em paralelo e em parceria com organizações intergovernamentais internacionais formais, como as Nações Unidas, bem como com a participação da sociedade civil global, das empresas espaciais, das universidades e centros de pesquisa.

Em sequência, está o Capítulo intitulado de Direito Global da Saúde, desenvolvido por **Verônica Scriptore Freire e Almeida** c **Daniel Freire e Almeida**. Os Autores enfocam os desafios hodiernos da saúde global, em especial aqueles alavancados pelo surgimento e alastramento do novo coronavírus. A partir deste panorama contextual, traçam linhas propositivas e contributivas para a construção do Direito Global da Saúde. Na sua perspectiva, importantes problemas de saúde global justificam, atualmente, a constituição de um quadro regulatório global para a saúde, mais conveniente e apropriado para o futuro da saúde universal.

Em sede final, mas não menos relevante, o livro concentra sua abordagem na Cooperação Global e no Compliance Global no combate ao crime organizado, com Capítulo escrito por **Danilo Fontenele Sampaio Cunha**. Neste sentido, a Justiça mundial enfrenta atualmente quadrilhas e organizações criminosas, perigosas em sua essência, com ousadas estratégias que devem receber repressão conjunta globalmente. Por conseguinte, o Autor apresenta formas de atuação criminosa das referidas organizações, propondo opções efetivas de medidas repressivas a nível mundial.

Por todos os títulos, busca-se apresentar aos leitores e leitoras a oportunidade de compartilhar conhecimentos, a partir de um conjunto de reflexões atuais que permeiam tanto o Direito Global e a Governança, mas, também, contribuições para a construção de uma Nova Ordem Mundial em prol da humanidade em perspectiva global.

São Paulo, março de 2025.

Daniel Freire e Almeida
Alcindo Gonçalves
Fernando Rei

Sumário

1.

DIREITO GLOBAL: MULTIPLICIDADE E CONEXÕES

Salem H. Nasser

Introdução

A questão da existência de um Direito Global[1] é naturalmente dependente daquela outra questão, relacionada ao sentido que se dá à expressão. Essa correlação evidente, banal, pode resultar em várias situações que, esquematicamente, podem ser assim resumidas: i) se o sentido que se empresta à expressão aponta para algo que não existe na realidade concreta, teremos que dizer que Direito Global não existe; ii) por outro lado, se observadores diversos emprestarem diferentes sentidos à expressão, e se esses sentidos apontarem para realidades fáticas, o Direito Global poderá ser várias coisas, uma diferente para cada observador.

Para que haja utilidade no uso da expressão é preciso emprestar-lhe um sentido que, ao mesmo tempo, aponte para coisas que de fato existem e também indique caminhos para a compreensão de aspectos da realidade que um vocabulário mais usual, mais tradicional, parece ter maior dificuldade em alcançar.

É verdade que o encontro com a indeterminação de um conceito ou de uma noção, especialmente quando ela dialoga com a complexidade extrema, e ainda crescente, da vida em sociedade global e de sua regulação, comanda que se avance com cuidado e modéstia. Por isso mesmo, não se pretende ter a resposta definitiva sobre o que existe e o que não existe, nem sobre os sentidos da expressão que sejam mais apropriados para descrever a realidade e facilitar a sua compreensão. Admite-se, portanto, que outros pensem de modos diferentes as coisas.

1 Uma discussão mais completa do tema está em nosso livro NASSER, Salem. Direito Global, 1ª ed., São Paulo, Almedina, 2021.

Isto dito, penso ser útil operar uma pequena limpeza do campo semântico, reduzindo um pouco as possibilidades e permitindo que traços característicos da noção possam emergir mais claros.

A limpeza começa com a breve discussão dos sentidos que costumamos atribuir à palavra Direito. Por um lado, é comum usar o vocábulo para designar um sistema jurídico, ou seja, um todo estruturado de normas e instituições. Por outro lado, muitas vezes a discussão em torno da palavra lida com a essência do jurídico ou com a natureza das normas que integram o mundo do Direito.

A primeira acepção nos permite dizer, com alguma tranquilidade, que não existe um Direito Global enquanto um todo estruturado de normas e instituições que regule a totalidade do globo terrestre ou toda a humanidade.

Já a segunda acepção nos coloca diante da escolha entre admitir apenas as normas propriamente jurídicas, válidas, obrigatórias, normalmente produzidas por um ou mais Estados, como parte do Direito Global, ou aceitar que este designe um universo de normas mais abrangente, incluindo um contingente já enorme e também em expansão, das normas que poderíamos reunir sob o rótulo genérico de *Soft Law*.

A opção que se faz aqui é a de incluir no campo de análise, disto que se está chamando de Direito Global, as normas não jurídicas, aquelas que não integram sistemas jurídicos nacionais ou a ordem jurídica internacional – e tampouco aquele ordenamento *sui generis* que é o da União Europeia – muitas vezes produzidas por outros atores que não os Estados. Esta é a opção porque se quer continuar fiel aos propósitos de apontar para algo que existe na realidade e de fazer com que a expressão nos ajude de fato a melhor entender uma realidade complexa que talvez sobrecarregue conceitos estabelecidos.

Mas, se o Direito Global não é um sistema integrado de normas válidas, e se tampouco é feito exclusivamente de normas jurídicas, o que exatamente ele é ou pode ser?

A proposta que se avança aqui é esta: Direito Global deve ser entendido como a multiplicidade de fenômenos normativos que operam no mundo globalizado e, ainda mais importante, as interações entre esses múltiplos fenômenos normativos!

1. Multiplicidade

Retomando a distinção que se fez acima, entre Direito enquanto essência e Direito enquanto ordenamento jurídico, talvez seja seguro dizer que, de modo geral, tanto estudantes quanto operadores do Direito tendem a pensar o seu objeto como um fenômeno único, dotado de uma mesma essência, que se manifesta em uma diversidade de sistemas jurídicos.

Assim, esses estudantes e esses operadores reconhecem uma primeira manifestação da multiplicidade de que queremos falar, a pluralidade de ordenamentos jurídicos, ou seja, de sistemas integrados de normas e instituições, sem que, no entanto, isso coloque em xeque a natureza única do jurídico.

Além dessa naturalização da essência única do Direito dá-se também, mais uma vez, de modo geral, a naturalização das características dos sistemas jurídico, a sua produção pelos Estados nacionais, a territorialidade de seu campo de aplicação.... Isso tem uma explicação simples: o fato de que a multiplicidade percebida, contemplada por esses estudantes e esses operadores, é constituída por um certo número de sistemas jurídicos que coincide com o número de Estados na sociedade internacional.

É apenas relutantemente que se aceita ampliar o rol dos sistemas jurídicos para incluir o Direito Internacional, uma ordem jurídica chamada a regular as relações entre os Estados. Ainda que suas normas sejam produção dos próprios Estados – por via de acordos ou de acúmulo de práticas constantes aceitas como jurídicas – as características desse sistema são muito distintas daquelas que marcam os Direitos nacionais. A razão fundamental que conduz às diferenças é a ausência de um superestado, de um poder centralizado que possa reproduzir na esfera internacional a mesma estrutura vertical que conhecemos no Direito estatal.

Na busca pelas características que fariam do Direito Internacional, na essência, Direito, a despeito das diferenças, encontra-se apoio na obrigatoriedade de suas normas que, como em qualquer outro caso, é dada pelos critérios estabelecidos pelo próprio sistema.

Quando, porventura, o estudante ou o operador cruzam em seu caminho algo chamado Direito Comunitário, o estranhamento pode ser ainda maior. Quem fizer o esforço de uma observação mais atenta, perceberá que se trata essencialmente de uma produção em dois movimentos: alguns Estados, de comum acordo, celebram tratados, criando assim normas de Direito Internacional, pelas quais estabelecem a constituição de instituições e órgãos, determinam o seu funcionamento e, o mais importante, dotam-nos de poder para legislar. Tem-se assim o que pode ser considerado um terceiro tipo de sistema jurídico cujas normas são um combinado de disposições de tratados internacionais e de produtos normativos criados pelas instituições comunitárias.

...

Essa multiplicidade de sistemas jurídicos, para quem eleva o olhar acima do próprio ordenamento nacional em que vive e opera, já representa um desafio razoável à compreensão e também ao manejo. Além das relações entre os sistemas, que discutiremos adiante, percebe-se desde logo as diferenças: a disparidade das escolhas no que respeita aos conteúdos e soluções normativas; as diferenças nas estruturas de produção do Direito e na sua aplicação etc. Como dito antes, essa percepção não chega a desafiar a concepção de que em todos os lugares o Direito teria uma mesma natureza.

Muitas vezes, as diferenças, especialmente quando se verificam entre sistemas jurídicos nacionais, são postas em relação com o pertencimento a uma ou outra das duas tradições jurídicas que se formaram e cristalizaram no mundo ocidental e que de um modo ou outro foram implantadas na maior parte dos Estados do mundo. Tem-se em mente, portanto, a *suma divisio* entre a tradição civilista e aquela dita do *Common Law*.

Essa dualidade já anuncia, por si só, uma outra chave para a multiplicidade que marca o universo normativo global, e que vai além daquela dos sistemas jurídicos; trata-se da multiplicidade de tradições jurídicas.

Acontece, no entanto, que essa multiplicidade é feita de muito mais do que as duas tradições que, em outro lugar, dissemos ser o produto da Modernidade ocidental.[2]

A consideração de outras tradições jurídicas nos revela dois fatos centrais, necessários à compreensão do universo normativo global. Por um lado, essa observação aponta para o fato de que sociedades diversas concebem o Direito, ou a regulação da vida, de modos diferentes e que as diferenças podem ser muito marcantes. Por outro lado, ela nos força a reconhecer que esses modos diversos de conceber a ordenação do mundo não são o fato apenas de outros tempos idos, mas operam ainda hoje e orientam a vida de parcelas muito relevantes da humanidade.

As tradições que, ao lado das duas já citadas, são mais frequentemente estudadas pelos comparatistas são: aquela dita ctônica, o Direito Islâmico, o Direito Talmúdico, o Direito Hindu e a tradição confucionista.

O que se poderia chamar de Direito Ctônico é, na verdade, todo um conjunto de sistemas de regulação da vida que são a marca dos povos tradicionais, aqueles cuja visão de mundo os concebe como em comunhão e harmonia com a natureza, com a terra – daí o nome ctônico.

Já os Direitos de origem religiosa – o Islâmico, o Talmúdico e o Hindu – apresentam semelhanças no que respeita à sua evolução e desenvolvimento. Essencialmente, ainda que tenham surgido em espaços geográficos diversos e em diferentes momentos históricos, essas três tradições têm, todas, origem em uma revelação tida por divina; essa revelação passa por ciclos de interpretação e comentários que terminam por se consolidar em um rol de normas e um conjunto de princípios que ditam o funcionamento do sistema.

A tradição dita confucionista é por sua vez decorrente de uma visão de mundo que é antes filosófica do que religiosa.

Quando contrastadas com as duas tradições que conhecemos melhor no Ocidente e que constituem a fundação sobre a qual repousam em sua maioria os Direitos nacionais, estas representações do Direito diferentes apresentam alguns marcadores que permitem a constatação de que, de fato, a multiplici-

---

2 Fazemos uma extensa discussão sobre este tema no livro GHIRARDI, José Garcez e NASSER, Salem. Representações do Direito e a Crise da Modernidade, 1ª ed., São Paulo, FGV Direito-SP, 2016.

dade não é apenas de sistemas jurídicos, mas é também de concepções do que seja jurídico.

Esses marcadores são, entre outros possíveis; aquele da origem primeira do sistema ou da tradição, ou, se quisermos, a sua fundamentação última; aquele da ênfase maior na substância, nos conteúdos normativos, do que nas regras de procedimento; aquele da ênfase nos deveres mais do que nos direitos; aquele da precedência do coletivo sobre o individual.

Enquanto tradições jurídicas que pretendem sustentar a validade das normas em revelações divinas – ou em uma concepção filosófica do mundo – esses Direitos, naturalmente, não se concebem enquanto territorialmente limitados, diferentemente dos Direitos nacionais que, em última instância, escoram a sua validade na autoridade do Estado.

Esses conjuntos normativos, que podem ser vistos como uma mistura diversa de representação, de concepção do Direito, e de sistema ou ordenamento jurídico, vêm assim se somar ao universo múltiplo da normatividade global que, até agora, continha apenas os sistemas jurídicos nacionais, o internacional e o comunitário.

O que as várias tradições jurídicas têm em comum com o que já conhecíamos a respeito dos vários sistemas é a crença na obrigatoriedade das normas jurídicas, na sua validade, ou seja, na especificidade do jurídico e na diferença entre este e outros tipos de normatividade.

...

O próximo passo, para completar o quadro da multiplicidade de fenômenos normativos que constituiriam o que estamos chamando de Direito Global, será o de adicionar todo um universo de normas, produzidas pelos mais diversos atores, regulando inúmeras e diferentes temáticas, que terão uma característica diferenciadora comum: elas não são obrigatórias, ou seja, não são válidas no mesmo sentido em que entendemos serem as normas jurídicas.

Ao incluímos todo esse universo de normas no nosso campo de visão, enquanto tentamos abarcar esse panorama normativo estendido, fica claro que a sua organização já não será tão fácil quanto era num mundo de sistemas jurídicos e de tradições jurídicas.

A complexidade decorrerá, justamente, do fato de que diferentemente dos sistemas e das tradições, essas normas não se organizam em conjuntos estruturados que se façam compreensíveis em bloco.

Pode-se, no máximo, buscar compreender essas normas olhando para alguns critérios distintivos e fazendo aproximações e distinções. Talvez o critério mais útil seja aquele da temática objeto da regulação, dos problemas com que lida, do campo de conhecimento em que se inscreve. A esse critério fundamental pode-se somar e combinar aquele da autoria, dos produtores das normas.

Por mais que se faça, no entanto, está-se diante de um número incontável de combinações possíveis. O todo já não se apresentará a nós como algo compreensível na totalidade, ainda que possamos estudar, analisar e compreender cada pedaço que possa nos interessar.

2. Relações

Se cada elemento do universo múltiplo que se descreveu acima funcionasse de modo isolado, sem que houvesse contato, trocas, atritos com os demais, a própria riqueza do quadro geral se veria reduzida e o seu estudo perderia relevância.

O que faz do Direito Global, tal como o concebemos aqui, um grande desafio a quem quer que pretenda compreender a ordenação do mundo por normas, um desafio que consiste, ao fim e ao cabo, em olhar de um modo totalmente novo para o fenômeno normativo, é o fato de que as componentes do universo múltiplo interagem todo o tempo e o fazem cada vez mais intensamente.

É evidente que nem a pluralidade e diversidade dos fenômenos normativos e nem a sua interação são coisas inéditas no curso da história das sociedades humanas. Antes do estabelecimento e consagração dos Estados nacionais e seus respectivos sistemas jurídicos, havia um sem-número de "Direitos" cuja riqueza e complexidade talvez rivalizasse com o que somos chamados a conhecer hoje. E mais, uma vez consagrados os sistemas jurídicos nacionais, eles nunca deixaram de entrar em relação uns com os outros.

...

Assim, para iniciarmos a abordagem dos modos como os diversos elementos do mundo normativo diversificado se relacionam, podemos partir deste lugar fundamental, que por vezes os estudantes e os operadores do Direito chegam a conhecer em alguma medida: as relações entre os sistemas jurídicos estatais.

Há várias possibilidades de troca, de comunicação, entre ordenamentos jurídicos que poderíamos chamar, segundo o caso, de influência, inspiração, cópia de soluções normativas, transplante de estruturas organizacionais, que podem decorrer de escolhas ou do que se poderia identificar como uma espécie de imperialismo jurídico. Esse é um universo temático de suma importância, mas de difícil mapeamento.

Uma modalidade de relações entre sistemas jurídicos nacionais, de estudo mais tradicional e também mais facilmente descrita é aquela que conhecemos sob o nome de Direito Internacional Privado. Este campo clássico do Direito é aquele que provê respostas a perguntas decorrentes das situações em que relações de natureza privada atravessam as fronteiras e estão conectadas a mais de uma ordem jurídica. Quando dessas relações decorrem disputas que precisam ser dirimidas por um juiz nacional, estabelece-se uma sequência de perguntas que são, essencialmente: a determinação do juiz competente, a determinação da lei aplicável e, talvez, a determinação dos efeitos de uma sentença estrangeira no ordenamento nacional. Cada juiz encontra em seu próprio sistema a resposta que dará a cada uma das perguntas. Sobretudo quando se decide pela aplicação de uma lei estrangeira ou quando se reconhece efeitos às decisões estrangeiras fica mais evidente a possibilidade de comunicação e troca entre os sistemas.

Um tipo diferente de relações entre sistemas jurídicos é aquele que coloca em contato não mais os Direitos nacionais entre si, mas sim cada Direito nacional com o ordenamento internacional. Essencialmente, a investigação sobre essas relações só pode ser feita a partir de cada ordenamento nacional; cada sistema jurídico dirá quem pode, em nome daquele Estado, expressar a vontade deste de se comprometer com normas e obrigações internacionais; dirá como as normas do Direito internacional passarão a integrar o rol das normas válidas no território nacional; e dirá em que lugar hierárquico essas normas serão postas.

Ainda no que respeita às relações entre sistemas jurídicos, deve-se considerar aquelas que envolvem o Direito Comunitário. Por um lado, há, ou ao menos pode haver, questões relacionadas à internalização, pelas estruturas comunitárias, das normas do Direito Internacional. Por outro lado, há necessariamente a questão da integração das normas comunitárias nos Direitos nacionais e/ou dos efeitos dessas normas no território dos Estados que compõem a estrutura de integração. Para além desses dois trânsitos que podemos chamar de duais, há ainda as interações que podem envolver concomitantemente os três sistemas jurídicos: o internacional, o comunitário e o nacional.

Afirmou-se acima que hoje prepondera o modelo de sistema jurídico estatal, nacional, territorial, e também que as diversas tradições jurídicas, inclusive as religiosas e, de modo geral, não ocidentais, continuavam a participar da regulação da vida em parcelas importantes das sociedades. A concomitância dessas duas verdades implica que, em alguma medida, haja comunicação e/ou composição entre sistemas jurídicos nacionais e tradições jurídicas. Isso será visto como uma evidência cuja enunciação é dispensável se a relação contemplada se dá entre a ordem jurídica e a própria tradição de que ela decorre, aquela que lhe empresta seus traços fundamentais. Mas não é isso que se tem em mente. Pensa-se, sobretudo, no espaço que alguns sistemas jurídicos nacionais, estruturados de acordo com o modelo ocidental, estatal, territorial, se sentem chamados ou compelidos a reservar para aspectos de tradições jurídicas que parecem ainda corresponder melhor à visão de mundo vigente naquela sociedade dada. Isso é o que acontece com vários ordenamentos que, tendo adotado as estruturas e os mecanismos do que se poderia chamar de Direito ocidental, reservam algum espaço ou função para as tradições religiosas ou outras. Esse é o caso, por exemplo, da totalidade dos Direitos dos países árabes, em que, ao menos, o estatuto pessoal dos cidadãos continua regido pelo Direito religioso, normalmente o Direito Islâmico.

Para além dessa integração das diversas tradições nos ordenamentos jurídicos nacionais – e, por via destes, no Direito Internacional Privado[3] – há ainda que considerar as numerosas circunstâncias em que as tradições são chamadas a regular a vida e as relações sociais enquanto uma espécie de ordem paralela, cuja aplicação decorre da vontade dos atores, que podem, inclusive, submeter eventuais desavenças a árbitros, mediadores ou autoridades religiosas que se pautem pelas normas do Direito Islâmico, Hindu ou Talmúdico.

Isso que se acaba de dizer abre uma importante janela para a percepção dos modos como atuam, ou podem atuar, os diversos conjuntos normativos que compõem o quadro que descrevemos na primeira parte, sob o nome de multiplicidade. Temos então que, além das relações que os próprios sistemas jurídicos organizam entre si – Direitos nacionais entre si e com o Direito Internacional – e também com as tradições jurídicas, os atores sociais podem recorrer a conjuntos normativos para regular partes de suas vidas sem que isso dependa dos sistemas jurídicos a que estão submetidos – a não ser, é claro, nas situações em que esse recurso for tido pelo sistema como ilegal.

Essa busca por regulação paralela não se restringe, certamente, às tradições jurídicas de cunho religioso ou filosófico, mas podem se abrir a todo aquele universo das normas que dissemos ter apenas uma coisa em comum: o fato de não serem reconhecidas, estritamente falando, com jurídicas, ou seja, o fato de não pertencerem a sistemas jurídicos nacionais ou àquele internacional.

E, assim como mapear na íntegra esse universo de normas "outras" aparecia como uma impossibilidade, é verdade que também é impossível, e com mais razão, mapear os modos como essas normas se relacionam entre si, ou podem se relacionar, assim como os modos como se dão ou podem se dar as interações destas com os sistemas jurídicos.

Foi dito acima que um critério fundamental para tentar a ordenação dessas normas que, por economia, poderíamos chamar de normas de *soft law*, era aquele da temática com que lidam, dos problemas que tentam resolver, dos conhecimentos específicos que mobilizam.

E esse mesmo critério aparece como essencial também para pensarmos as relações possíveis entre normas, entre normas e instituições, entre conjuntos normativos, entre todos esses e sistemas jurídicos.

O que se vai perceber, ao se olhar para os modos de articulação entre normas de um todo complexo, e muito extenso, que estamos chamando de Direito Global, é que a temática tratada tenderá a funcionar como uma espécie de força gravitacional que trará as normas e as instituições para perto umas das outras. Assim, normas de *soft law* que tratem de um mesmo problema e mobilizem saberes específicos a ele relacionados tenderão a se aproximar e talvez

---

3 Sobre essas relações, e mais especificamente sobre aquelas que pode entreter o Direito Islâmico com o Direito Internacional, ver NASSER, Salem. Direito Islâmico e Direito Internacional: Os Termos de Uma Relação *in* Revista Direito GV, v.8, p. 724-744, 2012.

atuar conjuntamente sobre situações dadas. E assim também, essas mesmas normas poderão entrar em contato com aquelas dos sistemas jurídicos – nacionais e internacional – que tratem das mesmas temáticas e dos mesmos problemas.[4]

Essas aproximações não resultarão sempre no encontro e não levarão sempre a que qualquer situação fática atraia a aplicação de todas ou das mesmas normas. A incidência de normas sobre situações específicas dependerá de vários fatores que só poderão ser identificados no caso concreto. Esses fatores poderão envolver o tratamento que o sistema jurídico resolve dar a determinadas normas de *soft law*, por exemplo, incorporando-as ao seu corpo normativo ou tomando-as por referências informadas. E poderão envolver a escolha, por parte dos atores, como visto acima, das normas de *soft law* que querem ver orientando o seu comportamento e dirimindo suas controvérsias.

Isso tudo nos coloca diante de uma infinidade de conexões e interações possíveis, uma infinidade de situações que não podem ser visualizadas com antecedência – ainda que muitas possam ser concebidas, à luz da experiência – e cuja forma final será sempre uma resultante do caso concreto.[5]

3. Intencionalidade

O que se disse até aqui talvez pudesse ser lido como um convite fundamental – acompanhado de um diagnóstico – para que se olhe o Direito Global, ou seja, aquele todo normativo que encontramos quando queremos pensar a regulação do mundo para além do Direito Nacional e suas fronteiras, quando queremos perceber a regulação da vida em seu todo complexo, como um lugar de múltiplos conjuntos normativos que entretêm um sem-número diversificado de relações entre si.

Em parte, portanto, fez-se um retrato do que existe e se fez um convite para o trabalho com esta realidade. Ou seja, tinha-se em mente, sobretudo, o estudante do Direito – no sentido amplo da expressão, que inclui até mesmo o mais experimentado dos juristas – a assim olhar para o universo do normativo global, e também o operador do Direito, dizendo a este que é com esta realidade que deverá lidar.

É preciso agora, brevemente, apontar para algo mais, que tem a ver com a razão de ser desse quadro que foi apresentado, um quadro que inclui a multiplicação das normas que genericamente chamamos de *soft law* e que não são classificáveis como normas jurídicas, válidas, pertencentes a sistemas jurídi-

4 Uma discussão sobre a concentração de normas em torno de temas, formando o que se costuma chamar de Regimes pode ser encontrada em nosso texto NASSER, Salem. Direito Global em Pedaços: Fragmentação, Regimes e Pluralismo *in* Revista de Direito Internacional v. 12, p. 98-126, 2015.

5 Alguns exemplos muito ilustrativos podem ser encontrados no livro anteriormente citado Direito Global, v. nota 1.

cos nacionais ou internacional e que muitas vezes não são produzidas pelos Estados.

Em parte, essa razão de ser está vinculada ao que se disse sobre a diversidade de temáticas com que o universo normativo é chamado a lidar. O pano de fundo é aquele da complexificação do mundo e da especialização setorial da vida.[6] O resumo talvez pudesse ser expresso assim: a vida demanda cada vez mais regulação especializada e o Estado, por via dos seus processos de criação normativa tradicionais, já não dá conta sozinho da tarefa.

Muitas vezes, portanto, a produção normativa está nas mãos de outros atores que não os Estados. Alguns serão entes criados por eles, como as organizações interestatais e outras estruturas mais ou menos formais. Outros serão entes privados que atuarão em concerto com os Estados e os entes por eles criados ou não.

Na medida em que estamos falando de produções normativas, de normas e de instituições que não implicam obrigatoriedade e validade jurídicas, estritamente falando, e que falamos de normas e instituições que muitas vezes serão produzidas pelos particulares, quer sejam organizações não governamentais, empresas ou outros, uma questão fundamental deve ser levantada.

Se todo esse universo normativo paralelo lidasse apenas com questões envolvendo interesses estritamente privados, particulares, o seu alcance e suas consequências seriam de preocupação apenas dos atores envolvidos e a serem resolvidos no âmbito da sua autonomia privada.

Um quadro totalmente surge quando percebemos que muito dessas normas atinge questões que são de interesse público. Na impossibilidade de discutir em detalhes aqui o que significa o "interesse público", que nos baste dizer que essas normas atingem interesses de outros atores que não os seus produtores.

É justamente por conta do fato de que muito desse universo normativo se destina a regular questões de interesse público na esfera global ou pelo menos transnacional que alguns enxergaram a emergência, no seio do que se pode chamar de governança global, de um espaço administrativo global, formado por ações administrativas performadas por atores vários ao lado dos Estados.

A própria expressão "espaço administrativo" aponta para um duplo fenômeno ou para um fenômeno de duas faces: o possível surgimento de algo que genericamente poderíamos chamar de autoridade pública internacional, ou global, necessariamente pulverizada, o que já impõe um desafio imenso; e o que se poderia nomear, talvez, de escorregar da função de criar normas daquele que seria o lócus legislativo para ou outro, executivo, regulatório em sentido estrito.

Evidentemente, quando se pensa a possível emergência de uma espécie de administrador global (para não dizer governo) que é múltiplo, distribuído, pulverizado em suas funções e em seus saberes, e quando, ao mesmo tempo, se enxerga esse mesmo administrador global assumindo cada vez mais a função

6 Ver o projeto Direito Administrativo Global em https://www.iilj.org/gal/ acessado em maio de 2022.

de regular os temas que são de interesse coletivo, público, imediatamente deve se impor a preocupação com o que garantiria a legitimidade desses múltiplos atores, da sua produção normativa e do resultado daquilo tudo que criam!

Esta é a provocação fundamental que deve sempre acompanhar a compreensão do quadro geral desenhado anteriormente.

Referências

GHIRARDI, José Garcez e NASSER, Salem. *Representações do Direito e a Crise da Modernidade*, 1ª ed., SãoPaulo, FGV Direito-SP, 2016.

NASSER, Salem. *Direito Global*, 1ª ed., São Paulo, Almedina, 2021.

NASSER, Salem. Direito Islâmico e Direito Internacional: Os Termos de Uma Relação in Revista Direito GV, v.8, p. 724-744, 2012.

NASSER, Salem. Direito Global em Pedaços: Fragmentação, Regimes e Pluralismo in Revista de Direito Internacional v. 12, p. 98-126, 2015.

2.

GOVERNANÇA E ORDEM GLOBAL

Alcindo Gonçalves

Introdução

O interesse em torno da chamada governança global tem sido crescente ao longo dos últimos trinta anos. Antes disso, a expressão designava simplesmente o ato, processo e poder de governar, sendo apresentada em vários dicionários de língua inglesa, em edições da década de 1990, como sinônimo de governo (GONÇALVES, 2011, p. 21). A mudança foi profunda desde então, embora vários autores insistam que ainda persistem dúvidas e incertezas sobre seu significado efetivo. Quando o emprego da expressão governança global começava a se acentuar, Finkelstein (1995, p. 367) salientava que persistia a ambiguidade em torno dela, com pouca atenção dada a seu significado, e que o termo governança era aplicado "nas questões internacionais em uma variedade de maneiras que se apresentam desordenadamente e talvez confusas" (p. 371).

Quase duas décadas depois, Biermann e Pattberg (2012, p. 1) apontavam que o verdadeiro sentido da expressão governança global continuava em disputa. De um lado, teria se tornado bandeira para defensores que a viam como panaceia para os males da globalização econômica e ecológica; para outros, em perspectiva oposta, ameaça global para aqueles que a temiam como hegemonia universal dos poucos poderosos sobre as massas desfavorecidas; e para muitos estudiosos, um conceito analítico para novos fenômenos empíricos na política mundial que vinham suscitando grandes discussões entre acadêmicos. Mas concluíam que "muitos de seus elementos são ainda insuficientemente compreendidos".

A generalização do emprego da governança global em diferentes áreas das Ciências Sociais Aplicadas com enfoques diversos – alguns enfatizando aspectos de organização do sistema global, outros preocupando-se mais com suas funções normativas e características institucionais, enquanto outra linha se dedicava ao estudo e análise de novos atores nos processos que visavam a solução de problemas comuns – torna difícil e complexa sua compreensão, comprometendo sua aplicabilidade. Seu caráter amplo e genérico, que comporta várias abordagens, interpretações e usos, exige, portanto, que se busque maior clareza na sua definição.

Não há dúvida, porém, que governança global se apresenta como uma das questões de maior interesse para todos os setores, da academia à política profissional. Basta comparar os resultados de busca na Internet: em 1997, eram encontradas 3.418 referências para *global governance*; em janeiro de 2004 esse número atingia quase 90.000 e, no final de 2010, mais de 12 milhões de websites mencionavam a expressão (BIERMANN e PATTBERG, 2012, p. 1). Em abril de 2020, a busca revelava 350.000.000 de referências, e dois anos após, em abril de 2022, essa quantidade chegava a incríveis 3.680.000.000 resultados.

O texto está dividido em duas partes. Na primeira, busca-se a análise mais detida da governança global. Partindo de sua origem histórica, são avaliadas suas relações com a globalização e a democracia, para, finalmente, tentar estabelecer sua efetiva definição, vislumbrando perspectivas e desafios futuros. A segunda parte aborda o tema da emergência de uma nova ordem global, desencadeada por movimentos como a chamada desglobalização e o recrudescimento do nacionalismo, que estariam provocando a fragmentação da atual ordem, e apontando para crescente resistência à cooperação, multilateralismo e solidariedade internacional.

1. Governança Global - Conceito e Crise

1.1. Origem histórica do conceito moderno d e governança

Há consenso que o contexto histórico em que se desenvolve a ideia de governança global está ligado ao fim da Guerra Fria, com o fim da bipolaridade entre Estados Unidos e União Soviética, e o surgimento de nova configuração, mais complexa, de poder entre os Estados (GONÇALVES e INOUE, 2017, p. 29). Instituições financeiras internacionais, como o Banco Mundial, o Fundo Monetário Internacional (FMI), a Organização para a Cooperação do Desenvolvimento Econômico (OCDE) e, a partir de 1995, a Organização Mundial do Comércio (OMC), passaram a utilizar a expressão "boa governança" como um conjunto de princípios para guiar e nortear o trabalho e ações realizada por elas com os países-membros. Embora o qualificativo seja contestado (BIERMANN e PATTBERG, 2008, p. 278), seu uso se generalizou e caracterizou-se pelo "viés economicista, gerencialista e de forte conteúdo normativo" (GONÇALVES e INOUE, 2017, p. 29).

Em relatório sobre a África Subsaariana de 1989, o Banco Mundial (WORLD BANK, 1989) revelava claramente a preocupação com a "boa governança", abrangendo aspectos como arranjos institucionais dos Estados; processos para formação de políticas públicas, tomada de decisão e implementação; fluxos de informação dentro dos governos; e relações globais entre cidadãos e seus governos

(WOODS, 2000). Mas o principal foco do documento estava "nas capacidades dos governos para formular e implementar políticas econômicas nas quais se garantisse ambiente em que o investimento privado fosse assegurado e promovido" (GONÇALVES, 2011, p. 21).

A governança surge e se desenvolve nos anos 1990 marcada por forte conotação liberal. Tratava-se, àquela altura, de buscar a "gestão saudável do desenvolvimento", que implicava que os governos deveriam respeitar leis que permitissem o pleno e eficaz funcionamento do mercado, especialmente quanto à garantia da propriedade privada e segurança dos investimentos.

Nessa linha, a governança global, entendida pela interação de um grande número de entidades (indivíduos e atores coletivos), ligadas a diferentes orientações sociais e profissionais, e formando redes para tratar de assuntos que atingem e ameaçam comunidades locais e globais, surgiu como ferramenta para buscar soluções para problemas criados pela globalização neoliberal. Na década de 1990, aprofundam-se os movimentos de privatização, enfraquecimento das burocracias estatais, e descentralização administrativa, na linha do chamado "Consenso de Washington".[1] Enquanto isso, o Banco Mundial e o FMI "passam a prescrever a descentralização como parte dos ajustes necessários para restaurar os mercados, crias ou fortalecer a democracia e promover a boa governança" (CHEEMA, RONDINELLI, 2007, p. 3-4).

Gradualmente, há transformações quanto à ênfase liberal na ideia de desenvolvimento e no conceito de governança. A inflexão mais notável diz respeito ao reconhecimento que desenvolvimento não diz respeito só a projetos, programas e políticas públicas, mas também à política em si (GONÇALVES, 2011, p. 28). Temas como direitos humanos e proteção ao meio ambiente são incorporados à agenda do desenvolvimento, e a governança global passa a ser vista como instrumento e processo para solução de grandes questões que ameaçam a humanidade.

A Comissão sobre Governança Global, nomeada pela ONU em 1992, que teve como finalidade desenvolver visão acerca do rumo a ser tomado pelo mundo na transição da Guerra Fria e na passagem da humanidade para o século XXI, definiu governança como "a totalidade das maneiras pelas quais os indivíduos e as instituições, públicas e privadas, administram seus problemas comuns" (COMISSÃO SOBRE GOVERNANÇA GLOBAL, 1996, p. XV). Nessa singela definição estão os conceitos fundamentais que alicerçam a noção de governança e que apontam para novos rumos: ela passa a ser vista como ferramenta e instrumento de solução de problemas globais (e não apenas para dar respostas aos dilemas da globalização neoliberal), além de ser ressaltada característica

---

1 Concebido como um plano de reformas dirigido à América Latina, e lançado em novembro de 1989, desdobrava-se em dez pontos: disciplina fiscal, reordenamento nas prioridades dos gastos públicos, reforma tributária, liberalização do setor financeiro, manutenção de taxas de câmbio competitivas, liberalização comercial, atração de investimentos diretos estrangeiros, privatização de empresas estatais, desregulamentação da economia e proteção a direitos autorais.

básica em suas ações e processos que é a participação ampliada, que inclui atores estatais, organizações internacionais, organizações não governamentais, empresas transnacionais, comunidade científica, governos subnacionais, abrindo-se, portanto, para a efetiva colaboração e cooperação entre o Estado, o mercado e a sociedade civil organizada.

1.2. Governança e democracia

A transformação é importante: de receituário prescritivo, estabelecido com a finalidade de alcançar a "boa governança", ancorada em princípios liberais, passa-se a abordagem mais ampla, em que novos valores são acrescentados. Documento da Comissão Econômica e Social das Nações Unidas para a Ásia e o Pacífico (UN-ESCAP, 1996) revelava que a boa governança compreendia, já àquela altura, não apenas capacidade de resposta, efetividade, eficiência e *accountability*, mas também participação, estado de direito, transparência, orientação ao consenso, equidade e inclusão.

A relação entre governança e democracia não é, porém, de causalidade recíproca. Em primeiro lugar, é preciso distingui-las: democracia é forma de governo em que a soberania é exercida pelo povo, e na qual "o poder não está nas mãos de um só ou de poucos, mas de todos, ou melhor, da maior parte" (BOBBIO, 1988, p.7). Contraposta a todas as formas de governo autocrático, é caracterizada por "um conjunto de regras (primárias ou fundamentais) que estabelece *quem* está autorizado a tomar as decisões coletivas e com quais *procedimentos*" (BOBBIO, 1986, p. 18). O conceito de governança, por sua vez, implica em determinado grau de autorregulação dos atores sociais, cooperação público-privada para a solução de problemas comuns, e novas formas de política multinível (BIERMANN e PATTBERG, 2008, p. 278).

Não há, portanto, correspondência automática entre democracia e governança. Pode-se admitir que o ambiente democrático, com seus pressupostos de liberdade de expressão e de participação política, aberta a todos os cidadãos, favorece e incentiva mecanismos organizados de governança. Mas a governança não necessariamente exige o regime democrático para existir e funcionar: é possível compreender formas inovadoras, e mesmo com maior participação de diferentes atores, com controles e limites por parte do Estado.

A China, reconhecidamente um Estado autoritário, demonstra essa tendência. No início da década de 2010 houve expansão de organizações não governamentais que chegaram, em 2014, a mais de 500.000 entidades registradas junto ao Estado. Muitas eram quase oficiais ou meras entidades de fachada tentando obter recursos governamentais, mas havia aquelas genuínas, que buscavam atuar para o bem comum, desenvolvendo atividades politicamente não contenciosas. E estimava-se que mais 1.500.000 ONG´s existiam de fato, embora não oficializadas, com ativismo em áreas que as autoridades consideravam problemáticas (THE ECONOMIST, 2014). Os incentivos e as liberalidades para funcionar são para ONG´s que proveem serviços para grupos como pobres, idosos ou deficientes, vedadas aquelas engajadas em qualquer tipo de advocacia política ou defesa de direitos humanos. Mas já havia experiências inovadoras, como a da ONG Centro de Serviço dos Trabalhadores Migrantes de Panyu, nos limites da cidade Guangzohu, no sul da China, que vinha trabalhando há mais de uma década para defesa dos direitos dos trabalhadores nas fábricas da província.

A maior tolerância com as ONGs tem a ver com questões práticas: a rápida urbanização e crescimento econômico chinês criaram uma sociedade mais complexa, enquanto o Partido Comunista não podia mais garantir tudo para seus cidadãos como fazia, ou dizia fazer. É razoável desconfiar que o Estado esteja, de fato, apostando no fortalecimento da sociedade civil chinesa, e que, na realidade, as ONGs acabam vistas apenas como uma ferramenta para atingir seus objetivos, mas as experiências são reais. Não é, portanto, exagero afirmar que práticas de governança local são desenvolvidas, embora o ambiente não seja democrático.

Valores democráticos são a base da cidadania e constituem elementos que incentivam a participação ampliada, e dessa forma propiciam o desenvolvimento da governança. Mas o sistema democrático, em si, não exige formas de governança: ele pode funcionar nos estritos marcos e limites do regime representativo, com rígida separação entre as esferas pública e privada. E vale ainda destacar que, no plano da governança global, trata-se de concertar ações e práticas que envolvem Estados que possuem diferentes formas de governo, algumas mais fechadas ou mesmo autoritárias, e que há, em muitos fóruns de participação ampliada a presença de empresas (necessariamente distantes de conotações políticas) e mesmo de cientistas cuja presença é revestida e marcada por abordagens estritamente técnicas.

1.3. Governança e Globalização

Discute-se bastante a relação entre globalização e governança global. Como salientam Held e McGrew, "a globalização denota a escala crescente, a magnitude progressiva, a aceleração e o aprofundamento dos fluxos e padrões inter-regionais de interação social" e assim "refere-se a uma mudança e transformação na escala da organização social que liga comunidades distantes e amplia o alcance das relações de poder nas grandes regiões e continentes do mundo" (2001, p. 13). Ela deve ainda ser compreendida como um processo: na realidade, um conjunto de processos cumulativos, gerando conjunto dialético de mudanças políticas, econômicas, tecnológicas e culturais. Nessa linha, a governança adquire características multidimensionais que englobam não só alterações na organização da atividade humana como o deslocamento do poder da orientação local ou nacional para padrões globais, com crescente interconexão na esfera global e consciência cada vez maior dessa interconexão PIERIK, 2003, p. 454-455).

A questão que mais interessa aqui diz respeito ao surgimento e evolução da globalização contemporânea, que teria ocorrido (HIRST e THOMPSON, 1998) para justificar e legitimar o projeto global neoliberal, ou seja, a criação do livre-mercado global e a consolidação da hegemonia do capitalismo. A globalização teria se beneficiado da revolução tecnológica a partir dos anos 1970, com o aumento da interdependência e o favorecimento de redes de interação e fluxos globais, mas subordinada aos interesses dos princípios neoliberais (como o Consenso de Washington), e desenvolvido pelas grandes empresas que se assumiam como transnacionais. A sincronia entre os crescentes processos de globalização e o desenvolvimento do conceito de governança global, notadamente entre as décadas de 1980 e 1990, sugerem, portanto, que esta teria sido o produto do paradigma neoliberal que se impunha na política internacional e nas relações econômicas. Com o predomínio dos mecanismos de mercado ditados pelo capital internacional sobre a autoridade estatal teriam sido criados vazios de governança que encorajaram atores de setores privados e da sociedade civil a assumir papeis que antes eram exclusivos da esfera estatal (JANG, McSAPARREN e RASHCHUPKINA, 2016, p. 1)

Nessa linha, a governança global não passaria de ferramenta para solucionar problemas criados pela globalização neoliberal. Essa relação de dependência, se corresponde à realidade em determinado período inicial, não se mantém, porém, no longo prazo. A ampliação de seu conceito, incorporando elementos como a participação ampliada de vários atores no diagnóstico, proposta e implementação de solução para problemas comuns, e a busca de consenso, diálogo e convencimento, mais do que a força ou a coerção, revelam aspectos que destacam a governança como um processo diferenciado e autônomo, que não se confundem com a lógica da globalização econômica.

Não se deve, porém, perder de vista que a governança global é influenciada por ações que aprofundam ou levam à crise da globalização. Nesse sentido, é importante destacar dois acontecimentos que tiveram sérias consequências: o atentado às Torres Gêmeas em Nova York em 2001, no plano político, e a crise financeira mundial de 2008, no plano econômico, dando origem à crise que pode ser chamada de "desglobalização". Trata-se de reconhecer que há crescente dificuldade na cooperação internacional, sendo insuficientes as ações das instituições multilaterais para encontrar respostas para soluções globais (HALE, HELD e YOUNG, 2013).

A crise da globalização está ligada a quatro pontos: o crescimento da multipolaridade, que cria barreiras específicas para a cooperação, com o incremento dos custos de negociação e a maior divergência de interesses; a inércia institucional, fruto da permanência de instituições que não se adequam às características do mundo atual; a complexidade de problemas, com questões muito mais difíceis de negociar; e a fragmentação, com a proliferação de instituições transnacionais não governamentais, envolvendo diversos atores, estatais e privados (HALE, HELD e YOUNG, 2013, p. 48).

O enfraquecimento das ações cooperativas e do multilateralismo, consequência desses fatores, tem consequências sobre a governança global. A despeito das dificuldades, entretanto, a ideia de governança e os mecanismos e ações postos em prática na sua consecução ainda se constituem em importantes instrumentos para a cooperação internacional, embora com dificuldades para serem operacionalizados. Há, de fato, a ofensiva do nacionalismo e de políticas antiglobalistas, e o fortalecimento do discurso da soberania, a exigir reformas na governança global, sem o que há "o risco de uma espiral descendente de desintegração na anarquia da soberania nacional absoluta em um mundo profundamente interdependente" (LOPEZ-CLAROS, DAHL, GROFF, 2020, p. 474).

1.4. Governança Global: Perspectivas e Desafios

Há duas visões sobre o conceito de governança global. Uma delas a situa exclusivamente como arranjo organizacional, limitado a articular os diferentes atores, definindo papeis e funções a eles. Nessa perspectiva, a governança seria neutra quanto aos resultados a alcançar, tendo como principal objetivo promover o desenho institucional dos órgãos que compõem governos e organizações internacionais, e permitir ações e interações entre os atores envolvidos nos vários processos. Tudo isso, é evidente, tem relevância óbvia para os Estados, na medida em que construir formas concretas de governança é a maneira de permitir, de modo organizado e consensual, não apenas a negociação como a implementação de políticas de interesse comum, garantida ainda a alocação dos recursos necessários. De acordo com essa linha, muito em voga nas reuniões de cúpula internacionais, nas quais é proclamada a todo instante a necessidade de construir (ou pelo menos reformar) a governança global, ela acaba por assumir o caráter de arranjo organizacional do sistema.

Outra visão não descarta tais elementos, mas vai além. A questão institucional é importante, na medida em que, para que a governança exista, é necessário o estabelecimento de regras, as instituições sociais, capazes de designar papeis e guiar a interação dos agentes, facilitar a cooperação e diminuir os problemas de ação coletiva em um mundo cada vez mais interdependente (YOUNG, 1994, p. 15). Os mecanismos e ações de governança global não são, porém, meros elementos institucionais, deixando que os atores – Estado e sociedade civil – encaminhem e promovam soluções para problemas comuns. Ao contrário, a governança é mais que um facilitador, tornando-se agente efetivo. Trata-se, portanto, de admitir que os métodos e meios empregados têm consequência efetiva e real nos resultados, influenciando decisões e implicando na maior ou menor eficácia deles.

Outras questões podem ainda ser levantadas. Uma delas é sobre o propósito da governança: ela seria defensiva, destinada apenas a evitar a anarquia e a destruição coletiva, ou buscaria alcançar objetivos comuns? Ela deveria estar voltada para aspectos materiais, como assegurar as necessidades básicas dos indivíduos, ou ir além, contribuindo para manter a coesão social, facilitar o desenvolvimento de comunidades pacíficas e sua organização, propiciar fundos para assegurar serviços comuns, encorajar um senso de identidade coletiva, e implementar solidariedade por meio da assistência a crianças abandonadas ou vulneráveis e aqueles que, com saúde deficiente, deficiências, idade avançada ou outros constrangimentos, não podem prover-se a si mesmos? (LOPEZ-CLARO, DAHL, GROFF, 2020, p. 484)

A resposta é pela integração das várias abordagens. A governança é arranjo de natureza institucional, mas tem consequências nos resultados dos processos; ela visa a evitar a anarquia e a destruição, mas vai além, construindo metas e objetivos; suas ações devem incluir as questões materiais da sobrevivência e da dignidade humana, mas também cultivar qualidades de caráter que possam levar a uma ordem social sustentável.

Em suma, a governança deve ser admitida como capaz de influir e contribuir diretamente para o encaminhamento de solução para questões comuns. Ela, como visto, não é decorrente nem consequência automática e mecânica da democracia, embora se fortaleça e desenvolva em ambientes democráticos, nem deve ser considerada apenas e unicamente como ferramenta ou resposta à globalização neoliberal.

Uma definição adequada para governança global passa por três elementos fundamentais (GONÇALVES, 2011, p. 53-54; GONÇALVES, 2013, p. 197-198): a) em termos funcionalistas, ela é meio e processo capaz de produzir resultados eficazes, ou seja, instrumento útil para a solução de problemas comuns; b) sob o aspecto metodológico, pensando na forma como ela é praticada, deve ser enfatizado o caráter de consenso e persuasão em suas relações e ações, muito mais do que a coerção e a obrigação de cumprir, típicas nos governos; daí a ideia de "governança sem governo" (ROSENAU, 2000); c) do ponto de vista procedimental, ou seja, relacionado com seu modo de agir, dois pontos são fundamentais: o primeiro diz respeito à participação ampliada nos processos de discussão e tomada de decisões, envolvendo não apenas os Estados e as organizações internacionais, mas também organizações não governamentais, empresas, comunidade científica, entes subnacionais, e o segundo remete à dimensão institucional, isto é, a questão normativa – princípios e regras – que é indispensável para o estabelecimento de formas concretas de governança.

Há, porém, dificuldades em relação à governança global, e surgem questionamentos se o sistema de governança global tem condições de administrar os desafios atuais, indicando que ele deverá ser adaptado para se manter relevante no século XXI (BRAGA, 2022). Três questões são levantadas para explicar as razões pelas quais as instituições internacionais falham em prover respostas coordenadas às atuais agendas (JANG, McSPARREW, RASHCHUPKINA, 2016, p. 2). Uma delas remete ao tema da soberania nacional, cujos princípios continuam a desafiar a aplicação das ideias de governança global. No mundo atual, os tratados internacionais são o principal mecanismo de cooperação, mas geralmente fracos na solução de disputas e ainda mais frágeis na implementação; os povos são dependentes dos governos domésticos para proteção contra todas as formas de violência política e contra abusos praticados quanto a direitos humanos; e o nacionalismo persiste como força poderosa para mobilizar as pessoas para fins políticos imediatos e estreitos. (LOPEZ-CLARO, DAHL, GROFF, 2020, p. 477).

As outras duas questões referem-se ao poder e à desigualdade política e econômica. Por um lado, o poder no atual sistema de governança global tornou-se mais difuso, disputado entre vários blocos e com forte influência de organizações internacionais; de outro, a desigualdade contribui para o aumento do extremismo e agitação social e levanta questões sobre qual é a responsabilidade que a comunidade internacional deveria assumir para o desenvolvimento humano além das necessidades básicas, ou seja, segurança, alimento e moradia.

A consciência de problemas comuns cujo enfrentamento não pode se dar em escala nacional, nem com a ação exclusiva dos Estados – em outras palavras, a humanidade é uma comunidade interdependente - indica que a governança global é, apesar de dificuldades e alguns retrocessos, um caminho seguro sem retorno possível nem desejável. Nesse sentido, vale salientar cinco aspectos que deverão moldar o futuro da governança global: o empoderamento pessoal, a crescente preocupação com a segurança humana, a complexidade institucional, as mudanças no poder internacional e a questão do paradigma político liberal para o mundo (JANG, McSPARREW, RASHCHUPKINA, 2016, p. 3-4).

Os indivíduos, em razão da tecnologia da informação e das mídias sociais e de massa, têm hoje muito mais informação sobre todos os assuntos. Embora haja deformações e manipulações, é inegável que os cidadãos adquiriram poder. Eles constituem reais atores da governança global, e a tendência é a de buscar a paz, com atenção cada vez maior à segurança humana, um conceito inovativo que vai além das respostas às ameaças horizontais (como militares, econômicas e políticas) e às verticais (como aquelas individuais, estatais e globais). Ou seja, trata-se de assegurar segurança em várias frentes: econômica, alimentar, de saúde pública, ambiental, pessoal, comunitária e política. Assim, o conceito de segurança humana propicia notável paradigma para os sistemas de governança global, respondendo a ameaças multidimensionais que um país isolado não pode enfrentar.

A maior complexidade institucional é consequência de problemas crescentes e interligados entre si. Eles exigem relações transnacionais estabelecidas em redes, constituídas por organizações não governamentais e entes subnacionais – em essência, ações de governança – e seu resultado é a multiplicação de instituições que se superpõem, sem hierarquia, administrando assuntos específicos. A governança global não pode, contudo, descuidar da geopolítica e das tensões internacionais: ao contrário, ela será moldada por mudanças e reequilíbrios de poder nas relações internacionais, e terá que se adaptar a novas realidades em que a hegemonia pode estar em permanente disputa. É certo que disputas de poder entre Estados Unidos e China, ou confrontações militares com a Rússia, além das tensões no Oriente Médio, trazem desafios à governança.

Finalmente, não se deve perder de vista que o futuro da governança global está ligado ao paradigma da democracia liberal. Embora não exista uma relação unívoca - democracia leva necessariamente à governança – é inegável que práticas democráticas, processos de decisão de baixo para cima e promoção de direitos humanos tendem a promover e fortalecer a governança global.

A ideia e possibilidade do Direito Global (NASSER, 2021, p. 37), ou seja, de um conjunto de normas, constituindo ou não um sistema coerente e estruturado, que cubra e se aplique a relações ou temas que sejam propriamente globais, com aplicação no mundo inteiro, englobando todas as normas que existem e que se aplicam a todas as relações possíveis e passíveis de regulação jurídica, ou ao menos normativa, e que faça a compreensão das interações das normas em um mundo entregue à globalização, atravessando fronteiras e afetando todo o globo, exige a abordagem da governança global. Trata-se de reconhecer a "expansão fenomenal das normas que *não* pertencem aos sistemas jurídicos", que representa "uma evolução social extremamente relevante e relacionada ao universo normativo: a competição crescente com outros tipos de normas, de diferentes procedências". Ou seja, tal aproximação dessas normas outras com o mundo do Direito, ao mesmo tempo que exprime alguma diferença em relação a ele, é entendida como *soft law*, construído e aplicado no ambiente da governança global. E tal evolução social e normativa "que parece operar verdadeiras revoluções, restringindo o campo de aplicação do Direito por via do que se poderia chamar de dupla fuga – em relação ao Direito e ao Estado" – aproxima-se "muitas vezes (d)a noção genérica e dúbia de governança[2]" (NASSER, 2021, p. 82-84).

2. Nova Ordem Global

2.1. Fundamentos da Ordem Global

A ordem global pode ser definida como "o conjunto de entendimentos e arranjos rotinizados, por meio dos quais são conduzidos assuntos de interesse mundial" (ROSENAU, 2000, p. 38). Ela, de maneira geral, é estabelecida em condições bastante específicas, influenciada por vários fatores – econômicos, sociais, políticos, tecnológicos, culturais - e não é permanente nem imutável. Sofre mudanças ao longo do tempo, podendo ser transformada, dando origem a novas configurações globais, refletindo principalmente hegemonias que se formam e assumem papeis decisivos. Ela é sustentada por estruturas que se desenvolvem

2 Os adjetivos "genérica" e "dúbia" não são depreciativos e sim utilizados para enfatizar que o vocábulo "governança" possui diversas acepções, a depender do contexto, e por isso exige um ajuste semântico para que se faça compreender seu uso em um argumento (NASSER, 2021, p. 83)

em três níveis de atividade: o nível ideacional ou intersubjetivo, o nível objetivo ou comportamental e o nível político ou agregado (ROSENAU, 2000).

O primeiro deles, o ideacional, compreende "os sistemas de crença, os contextos mentais, os valores compartilhados e todos os outros 'filtros' feitos e atitudes e percepções pelos quais transmitem os eventos mundiais antes de provocar reações ou inações determinadas" (ROSENAU, 2000, p. 28), e corresponde às manifestações, opiniões e discussões que são feitas por discursos, editoriais, textos, livros e, hoje, nas mídias e redes sociais. O segundo nível – o objetivo – se refere a como as pessoas fazem e atuam, de modo regular e estruturado, para exprimir suas ideias. E o terceiro nível – o político – diz respeito à dimensão mais formal e organizada da ordem vigente, englobando as instituições e regimes internacionais.

Não há hierarquia nem prevalência entre os três níveis. Eles coexistem e interagem mutuamente, e cada um é fonte, atividade e resultado em relação aos demais. A ordem vigente em determinada época é expressa por ideias defendidas e propagadas, por comportamentos e ações que decorrem delas, e por normas e regras que são criadas para lhes dar sustentação. Normas influenciam opiniões e condicionam determinadas atividades, enquanto a prática continuada de ações constrói ou reforça ideologias e tem reflexos na elaboração normativa. Ideias são impulsionadoras de comportamentos individuais e de grupos organizados e, evidentemente, têm consequências nas instituições que são criadas.

Mudanças na ordem global são, portanto, resultados de transformações ideacionais, objetivas e institucionais. Tais alterações podem ocorrer de modo gradual, no interior do sistema vigente, ou representar rupturas, com novo modelo sendo adotado. Tanto em uma situação como na outra, porém, os processos não se instalam de forma imediata. Há a decadência ou mesmo a obsolescência de ideias e valores, que não mais se aplicam de modo satisfatório, e exigem substituições. A transformação da ordem, nos três níveis, sofre influência do ambiente externo, como guerras e crises econômicas, de tal forma que períodos de estabilidade acabam abalados por conflitos e crises que exigem mudanças e novos arranjos institucionais, e tal processo tende a se repetir ao longo da história. A ordem, portanto, está permanentemente sujeita a abalos, provocadas pelos fatores externos e por contestações e atitudes que surgem no interior do próprio sistema vigente.

A nova ordem não surge, porém, imediatamente. Os fundamentos existentes, nos planos ideacional, comportamental e político, podem se desfazer em pouco tempo, como no caso da queda do Muro de Berlim e do fim da Guerra Fria, mas a afirmação de um novo ideário, com ações concretas, e principalmente construção de novas rotinas e regras não ocorre imediatamente. Ao contrário, instala-se um período de transição, marcado geralmente por incertezas. De acordo com Rosenau (2000, p. 41), "vista como um processo de formação de hábitos e do consenso, uma ordem global nova ou reconstituída pode muito bem levar décadas para amadurecer".

Após a Segunda Guerra Mundial houve o que Hurrell (1999) aponta como o deslocamento da ordem internacional concebida em termos pluralistas ou minimalistas para concepções solidaristas ou maximalistas. O paradigma baseado na soberania dos Estados independentes, com instituições minimalistas, era até então adequado para promover a coexistência internacional, e seu resultado era um sistema político pluralista e fragmentado. A percepção de problemas comuns cuja solução não poderia ser alcançada em escala nacional, e que demandava esquemas intensivos de cooperação para garantir paz, segurança e desenvolvimento econômico, além de assegurar valores comuns, inverteu a lógica vigente e avançou para outro modelo, baseado em ações conjuntas entre Estados e organizações internacionais, com crescente participação de outros atores, como organizações não governamentais, empresas, comunidade científica, entes subnacionais.

Esta nova ordem, na qual a governança global constitui peça chave, consolidou-se no final do século XX. Fatores externos, entretanto, como o Atentado contra as Torres Gêmeas em 2001 e a crise financeira de 2008, produziram abalos, enquanto a globalização passou a ser questionada. Ideologias mais à direita no espectro político passaram a defender o nacionalismo, enquanto criticavam duramente o multilateralismo. As instituições vigentes também passam a ser questionadas, e sua inércia é ressaltada. A grande questão que se coloca, portanto, é se a atual ordem global estaria em processo de transformação, ou mesmo ameaçada de ruptura.

2.2. Crise na cooperação e multilateralismo

A ordem solidarista-maximalista vigente sofre em duas frentes: econômica e política. De um lado há o desequilíbrio entre o mercado financeiro e a economia real, provocado pelo aumento da influência dos mercados de ações sobre toda a tessitura econômica, bem como sobre as instituições, inclusive as governamentais (FARIA, 2004). Tal situação leva a especulações frequentes, a "bolhas" e, por fim, crises, sem que as instituições existentes sejam capazes de reagir. Enquanto isso, agrava-se a desigualdade de renda e aumenta a concentração da riqueza como efeitos colaterais da globalização. Dessa forma, ao promover a ultravalorização do mercado, a transnacionalização e a desregulamentação, são produzidas vertiginosas disparidades e desigualdades socioeconômicas (JUBILUT e ALVES, 2021), levando a um aprofundamento de fissuras sociais no âmbito interno dos Estados, levando a tensões, desestabilidades e antagonismos (FARIA, 2004; RODRIK, 2011).

Com a instabilidade do mercado financeiro, aliada ao desequilíbrio econômico, com pobreza e desigualdade global, os Estados se fecham em si mesmos, avessos à integração e a ações cooperativas, tornando nítido o retrocesso da governança global. No plano político, surgem graves tensões, cuja expressão máxima foi a invasão da Ucrânia pela Rússia em fevereiro de 2022, ressuscitando "memórias da Guerra Fria (1947-1991) e a possibilidade de fragmentação econômica em blocos definidos por considerações geopolíticas" (BRAGA, 2022, p. A13).

Notam-se a redução das relações multilaterais e as dificuldades de cooperação internacional. Isso é provocado principalmente porque a ordem global vigente, solidarista-maximalista, passou a ser envolvida por relações transnacionais, criando vulnerabilidades na estrutura mundial. Ações antes localizadas passaram a afetar a vida em outros pontos do planeta, e vice-versa, em autêntica intersecção entre o local e o global. Na tentativa de gerir as demandas decorrentes dessas relações, complexa e ampla rede de cooperação internacional foi criada, mas é percebido crescente *gap* entre as necessidades globais e a habilidade e competência das instituições internacionais para enfrentá-las (HALE, HELD, YOUNG, 2013). O resultado é o enfraquecimento da governança global e, por extensão, abalos na ordem mundial.

O fato é que as instituições e mecanismos de governança foram desenvolvidos e aplicados em um mundo distinto do atual. A complexidade hoje é bem maior, tornando o modelo disfuncional, enquanto a proliferação e multiplicação de organizações na arquitetura institucional aponta para a fragmentação, dificultando a operacionalização da ordem global. Deve ser ainda ressaltado que a governança global, que tratou com sucesso dos problemas a que se destinava, com o avanço significativo do Direito Internacional e da cooperação em muitas áreas técnicas, do transporte e telecomunicações à ciência e saúde (LOPEZ-CLARO, DAHL, GROFF, 2020, p. 478), se viu diante de um impasse: a maior interdependência exigiu instituições internacionais, mas estas acabaram por tornar a interdependência ainda mais forte, e o arcabouço institucional tem se mostrado insuficiente para responder às crescentes demandas.

Apesar dos mecanismos de governança global ainda se constituírem em importante instrumento para a cooperação internacional, suas dificuldades de operacionalização efetiva e o fato de as instituições se mostrarem altamente fragilizadas tornam vulnerável o atual arranjo da ordem global, pressionando para mudanças, que se acentuam diante da prevalência de lógicas muito mais locais e nacionais do que internacionais ou globais, com a ascensão do nacionalismo e políticas antiglobalistas, em processos de fortalecimento dos Estados-nação e da noção clássica de soberania.

2.3. Nova ordem em construção?

De um lado, pressões pela desglobalização, de outro, críticas severas à governança global. Estaria em crise a ordem vigente, construída em bases solidaristas-maximalistas a partir dos anos 1990, a indicar que novas bases e fundamentos se alinham para provocar sua transformação?

Alguns fatos recentes merecem atenção. A pandemia da covid-19 trouxe certamente desafios à atual ordem global. Em um mundo em que já eram grandes as tensões nas relações internacionais, com instituições sem capacidade de resposta diante da fragmentação e da complexidade dos problemas, a disseminação do novo coronavírus agravou mais a situação. Como destacou o secretário-geral da ONU, Antonio Guterres, a ordem mundial criada no pós-guerra, sob a inspiração dos EUA, passou a viver seu maior desafio desde 1945, acrescentando que a pandemia ameaça a paz e a segurança e, potencialmente, leva ao aumento do mal-estar social e à violência, em um cenário em que "as grandes potências jamais foram tão disfuncionais no trabalho conjunto" (CELESTINO, 2020, p. 7).

As tensões permanentes entre Estados Unidos e China constituem outra ameaça à ordem global. As relações entre os dois países se encontram, como salienta Joseph Nye, "no ponto baixo em 50 anos". (RACHMAN, 2020, p. A14), com a possibilidade de cisão do mundo em dois blocos antagônicos. O resultado do conflito é preocupante. Referindo-se à disputa entre EUA com a empresa chinesa Huawei, líder mundial da tecnologia de comunicações de quinta geração (5G), Rodrik (2020, p. A-11) adverte: pode ser "o presságio de um mundo em que a segurança nacional, a privacidade e a economia interagirão de maneiras complicadas", e mais, em que "a governança global e o multilateralismo sempre irão fracassar, por bons ou maus motivos", restando apenas a possibilidade de uma "colcha de retalhos" reguladora, baseada em regras básicas claras que ajudem a fortalecer os países na defesa de seus principais interesses nacionais sem que exportem seus problemas para os outros.

A invasão da Ucrânia pela Rússia representa enorme desafio ao sistema de governança multilateral. Ela foi de encontro a uma das normas centrais da Carta das Nações Unidas, que é a proibição à conquista territorial, e evidenciou a inadequação de um modelo baseado no poder de veto dos cincos membros que compõem o Conselho de Segurança da ONU (BRAGA, 2022). A tensão Rússia-Ocidente prenuncia um período de conflitos militares, com alterações significativas nas estratégias das empresas. Companhias já carregam em estoques, apostam na regionalização das cadeias de valor, na ampliação do número de parceiros e na produção cada vez mais verticalizada, contrariando a lógica da globalização econômica.

Desloca-se, em suma, o modelo de cooperação baseado no consenso: "no caso de instituições e de grupos que operam em decisões consensuais, o processo decisório se tornou mais complexo" (BRAGA, 2020, p. A13). Ainda assim, é arriscado – e provavelmente equivocado – afirmar que a ordem vigente, construída a partir da governança global, estaria enfrentando processo de ruptura. Melhor e mais apropriado é apontar para alterações e adaptações no sistema de governança global, sem que isso signifique seu abandono. As ideias subjacentes a ele, como consenso, diálogo, persuasão, cooperação, participação ampliada, construção institucional, são válidas e devem ser mantidas como elementos estruturantes das relações internacionais, fazendo parte e fortalecendo o Direito Global, que abarca "novas formas de normatividade" e admite a "relevância do papel e da dinâmica da governança global", representando um novo Direito "pluralista nas suas fontes", e ao mesmo tempo "global, supranacional, transnacional e local", operando "uma ruptura necessária com o nominalismo" e promovendo "releitura sobre o legalismo e conceitualismo" (REI, 2021, p. 14).

Referências

BIERMANN, Frank e PATTBERG, Philip. "Global Environmental Governance: Taking Stock, Moving Forward". In: *Annual Review of Environment and Resources*, 33, 2008, p. 277-294.

BIERMANN, Frank e PATTBERG, Philip. "Global Environmental Governance Revisited". In: BIERMANN, Frank e PATTBERG, Philip (ed). *Global Environmental Governance Reconsidered*. Cambrige and London: The MIT Press, 2012.

BOBBIO, Norberto. *O futuro da democracia*. Uma defesa das regras do jogo. Rio de Janeiro: Paz e Terra, 1986.

BOBBIO, Norberto. *Liberalismo e Democracia*. São Paulo: Brasiliense, 1988.

BRAGA, Carlos. "A nova (des)ordem mundial". In: *Valor Econômico*. p. A13, 25/4/2022.

CELESTINO, Helena. "Governança global enfrenta séria crise". In: *Valor Econômico*. Caderno EU&Fim de Semana. ano 21, n. 1016, 29/5/2020. p. 7-9.

CHEEMA, G. Shabbir, RONDINELLI, Dennis A. "From Government Decentralization to Decentralized Governance". In: CHEEMA, G. Shabbir, RONDINELLI, Dennis (ed). *Decentralizing governance*: emergent concepts and practices. Washington, DC: Brooking Institution Press, 2007. p. 1-20.

COMISSÃO SOBRE GOVERNANÇA GLOBAL. *Nossa Comunidade Global*. Relatório da Comissão sobre Governança Global. Rio de Janeiro: Ed. FGV, 1996.

FARIA, José Eduardo. *O direito na economia globalizada*. São Paulo: Malheiros, 2004.

FILKENSTEIN, Lawrence S. "What is Global Governance?". In: *Global Governance*, n. 1, 1995, p. 367-372.

GONÇALVES, Alcindo. "Governança Global". In: GONÇALVES, Alcindo e COSTA, José Augusto Fontoura. *Governança Global e Regimes Internacionais*. São Paulo: Almedina, 2011.

GONÇALVES, Alcindo. "A Organização Mundial do Comércio e a Governança Global". In: SÁ PORTO, Paulo Costacurta de (org). *Organização Mundial do Comércio* – Temas Contemporâneos. Santos: Leopoldianum, 2013, p. 193-211.

GONÇALVES, Veronica Korber e INOUE, Cristina Yumie Aoki. "Governança global: uma ferramenta de análise". In: SCHMITZ, Guilherme de Oliveira e ROCHA, Raphael Assumpção (org). *Brasil e o Sistema das Nações Unidas: desafios e oportunidades na governança global*. IPEA: Brasília, DF, 2017. p. 27-57. Disponível em https://www.ipea.gov.br/portal/images/stories/PDFs/livros/livros/180319_brasil_e_o_sistema_das_nacoes_unidas.pdf.

HALE, Thomas, HELD, David, YOUNG, Kevin. *Gridlock*: why global cooperation is failing when we need it most. Cambridge: Polity Press, 2013.

HELD, David, McGREW, Anthony. *Prós e contras da globalização*. Rio de Janeiro: Paz e Terra, 2001.

HIRST, Paul; THOMPSON, Grahame. *Globalização em questão*: a economia internacional e as possibilidades da governabilidade. 2. ed. Petropólis: Vozes, 1998.
HURRELL, Andrew. "Sociedade internacional e governança global". In: *Lua Nova*, São Paulo. n. 46, 1999, p. 45-75.
JANG, Jinseop, McSPARREN, Jason, RASHCHUPKINA, Iuliya. "Global Governance: present and future". In: *Palgrave Commun* **2,** 15045, 2016. https://doi.org/10.1057/palcomms.2015.45
JUBILUT, Liliana; ALVES, Angela Limongi Alvarenga. "The covid-19 pandemic in a time of deglobalization: challenges and perspectives for global governance and international cooperation". In: *Denver Journal of International Law*, Denver, v. 49, n. 1, 2021, p. 1-12.
LOPEZ-CLAROS, Augusto, DAHL, Arthur Lyon, GROFF, Maja. "Behind the Governance Gap". In: LOPEZ-CLAROS, Augusto, DAHL, Arthur Lyon, GROFF, Maja, *Global Governance and the Emergence of Global Institutions for the 21st Century*. Cambridge: Cambridge University Press, 2020, p. 473-489.
NASSER, Salem. *Direito Global*. São Paulo: Almedina, 2021.
PIERIK, Roland. "Globalization and Global Governance: a Conceptual Analysis". In: HEERE, W. P. (ed). *From Government to governance:* The Growing Impact of Non-State Actors on the International and European Legal System. Cambridge: Cambridge University Press, 2003, p. 454-462.
RACHMAN, Gideon. "EUA e China rumam para uma nova Guerra Fria". In: *Valor Econômico*, 6/10/2020, p. A14.
REI, Fernando Cardozo Fernandes. "Prefácio". In: NASSER, Salem. *Direito Global*. São Paulo: Almedina, 2021, p.13-15.
RODRIK, Dani. *A globalização foi longe demais?* São Paulo: Unesp, 2011.
RODRIK, Dani. "A fratura tecnológica global". In: *Valor Econômico*. 9/9/2020, p. A11.
ROSENAU, James N. "Governança, ordem e transformação na política mundial". In: ROSENAU, James N; CZEMPIEL, Ernest-Otto. *Governança sem Governo*: Ordem e Transformação na Política Mundial. Brasíla: Ed. UnB; São Paulo: Imprensa Oficial do Estado, 2000. p. 11-46.
THE ECONOMIST. "Chinese civil society beneath the glacier". April 12th 2014 edition.
UN-ESCAP. "What is good governance?" Disponível em https://www.unescap.org/sites/default/files/good-governance.pdf. Acesso em 4.maio.2022.
YOUNG, Oran R. *International Governance*: Protecting the Environment ina a Stateless Society. Ithaca; Londres: Cornell University Press, 1994.
WOODS, Nagaire. "The Challenge fo Good Governance for the IMF and the World Bank Themselves". In: *World Development*, v. 28, n. 5, May 2000.
WORLD BANK. *Sub-Saharan Africa*: from Crisis to Susteinable Development. Washington: World Bank, 1989.

3.

Governança Ambiental Global no Regime Internacional de Mudanças Climáticas: reflexos na transição para uma Nova Ordem Mundial

Fernando Rei

Introdução

O presente capítulo pretende abordar, no contexto da governança ambiental global, a contribuição especifica da ação internacional de governos subnacionais organizados em redes paradiplomáticas na dinâmica do regime internacional de mudanças climáticas, a partir da relevância de suas ações na gestão de territórios e na formulação de políticas públicas e conjecturar se essa inserção em regimes internacionais pode ensejar em reflexos para uma transição para uma Nova Ordem Mundial.

Para tanto, procurar-se-á demonstrar que a adoção de políticas locais/regionais no enfrentamento das mudanças climáticas, mormente no que se refere a políticas de adaptação, pode dialogar com outras dinâmicas ou agendas internacionais, garantindo benefícios de internacionalização dessas políticas subnacionais, ao mesmo tempo em que a criação de estruturas administrativas específicas e voltadas exclusivamente às relações internacionais pode sugerir uma perda de protagonismo dos Estados centrais na condução de políticas climáticas com os consequentes reflexos na Ordem Mundial.

1. A emergência dos governos subnacionais e suas redes horizontais na construção da governança ambiental global.

As duas primeiras décadas deste novo milênio já registram uma série de fatos, alguns de todo inesperados, sobre os quais a sociedade internacional é chamada a tratar a partir da premissa de que as gestões, os encaminhamentos e possíveis soluções deverão ser pensadas e implantadas de maneira paulatina, integrada, solidária e multilateral.

Sejam problemas derivados de pandemias, do mercado financeiro, das ações que ameaçam a segurança planetária, do risco de guerras nucleares, do incremento de ondas de migração de refugiados e deslocados climáticos, da emergência de processos pouco democráticos e com vocação autoritária em diversas regiões do planeta, dos grandes temas ambientais globais, enfim trata-se de um conjunto de assuntos que, direta ou indiretamente, se não são comuns a todos os Estados, implicam seguramente em consequências a todos eles.

É certo que a estrutura do mundo contemporâneo é menos flexível e dinâmica do que a experimentada durante a década que seguiu a Conferência das Nações Unidas sobre Meio Ambiente e Desenvolvimento, a Rio-92, quando foi possível, finda a guerra fria, pensar em uma nova lógica de cooperação internacional para o milênio que se anunciava, afinal o ano 2000 se aproximava e o simbolismo era irresistível. "Um novo século, um novo milênio: tempo de fazer um balanço do passado, de olhar para o futuro com esperança e propósito" (JACOBS, 1996).

A atualidade pressupõe que o mundo cada vez mais depende de um constante processo de cooperação numa dinâmica policêntrica de políticas globais (SMITH, 2017) e registra uma consolidada dependência de ações advindas de diversos atores internacionais, o que conduz ao encaminhamento de soluções negociadas multilateralmente e em diversos níveis, encaminhadas e conduzidas a partir de modelos de governança[1].

E, naturalmente, esse novo conjunto de problemas, até mesmo por sua natureza complexa, incide na estrutura e em novas dinâmicas do Direito Inter-

---

1 Governança é meio, processo, ferramenta para solução de problemas. O conceito foi desenvolvido a partir de meados dos anos 1980 por instituições financeiras internacionais, como o Banco Mundial, que buscava, à época, estabelecer condições para que países administrassem recursos que lhes eram concedidos para projetos de desenvolvimento (a chamada "boa governança").
Logo em seguida, comissão designada pela Organização das Nações Unidas (ONU) para estudar o assunto publicou, em 1994, seu relatório, que definiu governança como a "totalidade das maneiras pelas quais os indivíduos e as instituições, públicas e privadas, administram seus problemas comuns". COMISSÃO SOBRE GOVERNANÇA GLOBAL. Nossa Comunidade Global. Relatório da Comissão sobre Governança Global. Rio de Janeiro: FGV, 1996, p. 2.

nacional, possibilitando que, já há algum tempo, o momento histórico reclame novas áreas do saber jurídico, entre as quais o Direito Global (NASSER, 2015) e o Direito Ambiental Internacional.

O enfrentamento desses problemas ambientais globais requer a constituição de modelos de governança global, por meio dos quais as diferentes formas e níveis de enfrentamento dos problemas passam a coexistir numa dinâmica de complementaridade (REI et ali, 2012). Assim, a dinâmica dos regimes internacionais baseados em tratados multilateralmente firmados é fortalecida e fomentada pelas iniciativas desenvolvidas nos níveis infra e transnacionais e por atores ainda não formalmente partes do sistema jurídico internacional. Há, portanto, uma interação de mútua influência, da qual o Direito Internacional se nutre (SETZER et ali, 2012).

Em outras palavras, a escala e a urgência dos desafios com os quais a humanidade se depara hoje exige uma resposta coordenada, envolvendo múltiplos atores e todos os níveis de governo, já que o mundo hoje é mais interdependente que no passado. Os problemas ambientais, assim como os atinentes aos direitos humanos, às pandemias, à segurança alimentar, às finanças, ao comércio entre outros, somente podem encontrar soluções satisfatórias se conduzidas, negociadas e regulamentadas pelo conjunto dos Estados, sem desconsiderar o papel de novos atores no cenário internacional.

Portanto, importa destacar que se o mundo pressupõe cooperação e interdependência, ao mesmo tempo é também mais dependente da manifestação da governança global. Como afirma Boyer (1990), cada vez haverá mais e mais governança e menos governo. E ainda que governança e governo sejam entendidos como dois contínuos de um mesmo espectro (ADGER; JORDAN, 2009), a ideia aqui é de uma governança global que busca lidar com a natureza mutável do Estado e com a proliferação de atores e mecanismos envolvidos no governo das sociedades (BULKELEY; NEWELL, 2010). Nesse processo de governança, as regras são feitas acima, abaixo e entre as autoridades estabelecidas (HOFFMANN, 2011).

Este facto explica a existência de certa ambiguidade no sistema internacional, nomeadamente no que concerne a localização exata da autoridade do Estado, sua fragmentação e gestão de regras e jurisdições sobrepostas (NEVES, 2010).

A criação de redes transnacionais de governos subnacionais sinaliza a contribuição dos governos subnacionais na formulação do Direito Global e do Direito Ambiental Internacional, fenômeno que vem sedo tratado pela Academia há décadas como paradiplomacia (SOLDATOS et ali., 1992; KEATING, 2005; LECOURS, 2008). Para Junqueira (2017), dito de uma forma bastante objetiva, o termo "representa um neologismo que resume a expressão "diplomacia paralela", sendo definido como a inserção internacional de atores subnacionais que complementam ou desafiam as políticas estatais".

A literatura sobre a atuação paradiplomática dos governos subnacionais evidencia o caráter predominantemente cooperativo presente na relação entre governos centrais e subnacionais no que se refere a temas de política externa. No entanto, o que os estudos não costumam abordar a dimensão das tensões e conflitos incutidos nessa relação, já que, na prática, a coordenação entre ambas as esferas de governo não é tão automática quanto poderia ser (COSTA, 2013).

Em outras palavras, no contexto de ação dos governos subnacionais, particularmente em redes transnacionais, não se pode negar implicações da ação paradiplomática na condução das políticas externas dos governos centrais, em especial no enfrentamento de desafios.

Ainda que possa existir essa tensão nas relações domésticas, o que é perceptível é que a paradiplomacia não representa um risco para unidade e coerência de políticas do sistema ONU, ao contrário, constitui um fator fundamental para a consolidação do *soft power* de novas "experiências organizadas" internacionais.

E no que concerne ao processo de governança global nas agendas ambientais, não é possível ignorar que as insuficientes ações do conjunto dos Estados no encaminhamento da agenda ambiental internacional tornou necessário trazer para o espaço da governança, criado pelo sistema ONU, a condução e a própria sistematização dessa agenda, capaz de articular as múltiplas esferas entre o local e o global.

E a partir dessa experiência teórica e empírica é possível constatar que os problemas complexos que afetam o mundo hoje exigem uma resposta de múltiplos atores, em múltiplas escalas, cabendo aos governos subnacionais, organizados em redes, o papel crucial de desenvolver e implementar as políticas necessárias à promoção do paradigma da sustentabilidade mais próximas do cidadão. Permanece em aberto, entretanto, uma revisão do *status* de sua inserção nessa governança ambiental global. Apesar da assimetria entre os poderes dos Estados e dos atores transnacionais, como os governos subnacionais, a legitimidade de suas ações (DEDUERWAERDERE, 2005; LITFIN, 2000) e a sua contribuição na formulação de novos modelos consistentes de governabilidade sistêmica reclamam mudanças na transição para uma nova ordem mundial (DUPAS, 2005).

2. Governança ambiental global por estados subnacionais no regime internacional das mudanças climáticas

Por que então se faz necessário o estudo da participação dos governos subnacionais nesse processo de governança global e em particular no regime internacional das mudanças climáticas?

Na literatura, são identificados diferentes vetores desse movimento para além das fronteiras do país no qual se insere um determinado estado subnacional. Para Bueno da Silva (2010), o engajamento dos governos subnacionais em alianças transnacionais decorre da percepção sobre custos e benefícios de participar em determinadas ações ou políticas na área ambiental.

Analisando uma série de iniciativas locais e transregionais estadunidenses voltadas ao enfrentamento das mudanças climáticas, Engels e Orbach (2008) identificaram uma correlação direta dessas ações a apelos eleitorais ou de apoio político junto à população, mas nem sempre assentadas em medidas operacionais de enfrentamento dos problemas ambientais.

Já para Bernstein et al (2010), o então estado atual da negociação sobre o avanço do regime internacional de combate ao aquecimento global, marcado pela resistência dos Estados em assumir maiores e novos compromissos, minava a legitimidade desses como interlocutores da solução desse problema ambiental e reforçava outros polos de autoridade e tomada de decisão, em particular, os que estão no nível imediatamente abaixo do governo central, os governos subnacionais.

Nesta linha, existem pelo menos dois fatores cruciais que justificam a dispersão de autoridade para a governança climática para o nível subnacional de governo (BULKELEY; BESTILL, 2003; RABE, 2004; SETZER, 2013).

Tanto as causas como as consequências dos problemas ambientais, ocorrem e são sentidos concretamente nos níveis locais e regionais, forçando os atores subnacionais a uma resposta mais proativa e efetiva.

No caso do problema das mudanças climáticas, fica claro como seus impactos ignoram barreiras estatais, seja porque o equilíbrio climático constitui um *continuum* ecológico (RUIZ, 1999, p.479) que se projeta tanto nos espaços submetidos à soberania dos Estados, como mais além destes, seja porque os impactos mais relevantes desse problema ambiental são ao fim e ao cabo sentidos concretamente nos níveis infranacionais. A dualidade global-local das mudanças climáticas inculca o sentido de responsabilidade por seu enfrentamento em todos os níveis de organização social.

A maioria dos governos subnacionais tem competências legislativas e administrativas sobre matéria ambiental e políticas sociais, cabendo, portanto, a estes governos, a definição de políticas públicas originais que visem ou levem em conta desenvolvimento sustentável. Soma-se a este ponto o fato de que as iniciativas dos governos subnacionais no combate às mudanças climáticas globais têm ampliado os resultados da governança ambiental. Em alguns casos, como no brasileiro, essas iniciativas somam-se aos esforços nacionais e internacionais de enfrentamento do problema, contribuindo para que os Estados cumpram com compromissos internacionalmente assumidos.

Em outros casos, como no estadunidense, as ações subnacionais resultaram em efetivas reduções de gases de efeito estufa - GEE, apesar da inércia do governo de Donald Trump. Na Europa, são diversas as iniciativas subnacionais para se alcançar a neutralidade na emissão de GEE e avançar para um território mais resiliente ao clima (SERRANO, 2020).

De qualquer forma, essas iniciativas acabam exercendo certa influência, absolutamente estratégica, nas negociações internacionais do regime climático, uma vez que funcionam como elemento de pressão (e constrangimento) para que os Estados avancem em seus compromissos e estejam abertos a novos esforços multilaterais.

Além disso, a participação dos atores subnacionais na governança ambiental global ganha força à medida tais atores agem por meio de redes horizontais de cooperação (BULKELEY; BESTILL, 2003; SETZER, 2013). A participação dos estados subnacionais nessas redes transnacionais oferece a esses atores o potencial de influenciar a tomada de decisão nos fóruns internacionais, além de lhes conferir uma personalidade internacional (HAPPAERTS; BRUYNINCKX, 2008).

Apesar de formalmente criadas como mecanismos de troca de informação, técnicas, práticas e experiência em medidas de enfrentamento das mudanças climáticas, estas redes transnacionais acabam por exercer um crescente papel político, principalmente, quando atuam de forma coordenada na esfera internacional de negociação (BULKELEY, 2005).

E ainda, porque não é mais possível defender um "retorno à realpolitik", ou seja, a ideia de que as políticas ambientais somente podem ser definidas por meio de um acordo consensual de todos os Estados participantes.

A via internacional tradicional de enfrentamento dos problemas globais, por ser oficializada por meio de acordos firmados por consenso entre Estados soberanos, sofre a influência direta de interesses internos e externos a estes, particularmente num contexto de crescente interdependência, sobretudo econômica. Em geral, esses interesses não se coadunam com as exigências de enfrentamento dos problemas ambientais globais, posto que enquanto têm um horizonte de curto prazo ou apresentam caráter predominantemente político-econômico, os problemas ambientais requerem ações de longo prazo e uma visão estrategicamente mais ampla.

Assim, quanto mais distante a resposta dos Estados for de uma verdadeira cooperação e solidariedade para a solução dos problemas ambientais, mais questionável se torna seu grau de legitimidade e autoridade.

O encaminhamento dessa resposta internacional passa então pela ação e articulação de múltiplos atores. São problemas em que a posição de poder não consegue encaminhar adequadamente soluções, já que na construção da governança ambiental global a cooperação e a negociação pressupõem a participação ampliada na construção do consenso.

Assim, como já asseverado, o avanço dos regimes internacionais baseados em tratados multilateralmente firmados sai fortalecido e renovado pelas iniciativas desenvolvidas nos níveis infra e transnacionais e por atores ainda não formalmente partes do sistema jurídico internacional, ensejando (e demandando) uma nova institucionalidade na ordem mundial.

O dinamismo da participação ativa dos governos subnacionais no cenário internacional, em particular na agenda multilateral das mudanças climáticas, corrobora novas bases conceituais e políticas na arquitetura da governança ambiental global e na construção do Direito Ambiental Internacional, a partir de uma crescente normatividade de *soft law.*

Ao longo dos últimos anos, redes de governos subnacionais representam as regiões do mundo junto a diversas instâncias do Sistema ONU, objetivando o reconhecimento do papel dos governos subnacionais enquanto atores necessários da agenda internacional da sustentabilidade e não só.

Um primeiro reconhecimento se deu no âmbito da Conferência da Biodiversidade, em novembro de 2010 em Nagoya (IRIARTE IRURETA, 2006). No Japão, as gestões realizadas pela antiga rede *nrg4SD*, hoje *REGIONS4*, junto aos delegados dos países foram encabeçadas pela província de Quebec e pelo estado de São Paulo. O mesmo reconhecimento se deu na Conferência de Cancun, no mês seguinte, no regime internacional das mudanças climáticas. E finalmente no Acordo de Paris em 2015 quando há o reconhecimento expresso da importância do engajamento desses níveis de governo no enfrentamento da problemática.

A menção do papel das ações lideradas por atores não estatais e governos subnacionais, ou ainda agrupados em arranjos de iniciativas climáticas transnacionais, como *non-Party Stakeholders* no Acordo de Paris foi recebida pela literatura como a institucionalização de um novo modelo de governança (CHAN; BRANDI & BAUER, 2016; FALKNER, 2016; HALE, 2016).

Tal reconhecimento no âmbito do regime internacional das mudanças climáticas é de suma importância e destaca a emergência e a relevância da paradiplomacia ambiental no âmbito dos Acordos Ambientais Multilaterais, abrindo um espaço sem precedentes para que os governos subnacionais possam contribuir na nova fase em construção do regime internacional para a governança climática multinível, sinalizando que se aproximam novos tempos e que modelos inovadores podem ser considerados nesse novo período de compromissos.

Em suma, a governança global está posta e não tem como ser ignorada, e suas áreas de atuação são cada vez mais amplas. Em cenários prováveis de crescimento da instabilidade internacional, antes de que se possa chegar a uma nova ordem mundial, é no marco de governança global que se poderá avançar para processos mais eficazes e democráticos (ABRANCHES, 2020).

Considerações Finais

A institucionalização da governança multinível (e multilateral) no regime internacional de mudanças climáticas abre um debate sobre possíveis reflexos na transição para uma nova ordem mundial, a considerar:

- O aumento do escopo político dessas redes paradiplomáticas pode representar uma desarmonia nas funções governamentais do Estado?
- Essa desarmonia pode permitir que tais funções sejam desempenhadas por outros níveis de governança, tanto subnacional como no nível global?

- Essa institucionalização e consequente contribuição ao sistema ONU representa que o estabelecimento de um "nível global" de ações, entusiasmado pela emergência do Direito Global e do Direito Ambiental Internacional, estaria dotado de certo grau de autonomia em face do Estado-nação?
- A governança global vigente tem a capacidade de revisão ou mesmo de reinvenção do sistema internacional Westaphaliano, não só em virtude da complexidade dos assuntos globais mas da legitimidade crescente dos novos atores internacionais?
- Se o enfrentamento das mudanças climáticas requer uma modificação radical no sistema energético atual, como avançar para o incremento de energias renováveis se o conflito entre Rússia e Ucrânia poderá conduzir os países europeus em sentido contrário, para aumentarem sua segurança energética? Ficará a dúvida sobre o cumprimento das metas do Acordo de Paris?

São, portanto, pontos para reflexão, que podem ser sim condizentes com as de uma transição em curso para uma nova ordem mundial.

A desimportância da agenda climática para muitos Estados e governos, principalmente negacionistas à ciência e autoritários, faz que a condução dessa agenda esteja em mãos da governança global multinível e multilateral. E essa institucionalização, bem como o avanço nos processos de governança, acabam por incorporar funções que sobrevivem de uma maneira resiliente às fortuitas mudanças no contexto político.

Um eventual revés no atingimento das metas do Acordo de Paris, mormente no capítulo da redução de emissões e de incremento de energias renováveis nas matrizes energéticas dos países, implica em ultrapassar os limites do aquecimento global a 1,5°C, já que, segundo o Relatório do IPCC de 2022[2], não há espaço para a manutenção de infraestruturas baseadas em combustíveis fósseis. E esse ponto representaria na história climática uma mudança que não pode ser simplesmente ignorada.

Enfim, se é certo que os Estados-nação exercem ainda funções de monopólio do uso da força, também é certo de que o enfrentamento das mudanças climáticas, assim como o de outras agendas globais, parece depender mais e mais de um certo grau de autonomia do "nível global".

E se isso não indica necessariamente o falecimento do Estado-nação, é forçoso reconhecer alguma transformação em curso.

2 Disponível em https://www.ipcc.ch/report/sixth-assessment-report-working-group-3/

Referências

ABRANCHES, S.. O tempo dos governantes incidentais. São Paulo: Cia. das Letras, 2020.

ADGER, N. e JORDAN, N. (eds Governing Sustainability. Cambridge: Cambridge University Press, 2009.

BERNSTEIN, S., BETSILL, M., HOFFMANN, M., PATERSON, M. A tale of two Copenhagens: carbon markets and climate governance. Millennium – Journal of International Studies, vol. 39, n. 1, 2010.

BOYER, W., Political Science and the 21st Century: From Government to Governance. Political science and politics, v. 23, n.1,1990.

BUENO DA SILVA DA SILVA, E. Contemporary paradiplomacy: trajectories and trends of international actions by state governments of Brazil and the US. Doctorate thesis submitted to the International Relations Doctorate Program of the International Relations Institute of the University of Brasília (IREL/UnB) for obtaining a doctor degree in international relations, 2010.

BULKELEY, H. Reconfiguring environmental governance: towards a politics of scales and networks. Political Geography, n. 24, 2005.

BULKELEY, H. and NEWELL, P. Governing Climate Change. London and New York: Routledge,2010.

COMISSÃO SOBRE GOVERNANÇA GLOBAL. *Nossa Comunidade Global. Relatório da Comissão sobre Governança Global.* Rio de Janeiro: FGV, 1996.

COSTA, Cássia Maria Siqueira Marques da. *Governos subnacionais e política externa: o caso da agenda de mudanças climáticas.* Diss. Universidade de São Paulo, 2013.

CHAN, S., BRANDI, C. & BAUER, S. Aligning Transnational Climate Action with International Climate Governance: The Road from Paris. *Review of European, Comparative & International Environmental Law,* (25)2, 2016.

DEDUERWAERDERE, T. *The contribution of network governance to sustainable development.* Belgium: Université Catholique de Louvain Fonds National de la Recherche Scientifique, feb. 2005.

DUPAS, Gilberto. *Atores e poderes na nova ordem global: assimetrias, instabilidades e imperativos de legitimação.* Unesp, 2005.

ENGELS, K.H., ORBACH, B.Y. Micro-motives and state and local climate change initiatives. *Harvard Law and Policy Review,* vol.2, 2008.

FALKNER, R. The Paris Agreement and the new logic of international climate politics. International Affairs, (92)5, 2016.

HAPPAERTS, S., VAN DEN BRANDE, K., BRUYNINCKX, H. *Governance for sustainable development at the inter-subnational level: The case of the Network of Regional Governments for Sustainable Development (nrg4SD),* Working paper n°3, February 2008.

HOFFMANN, M.. *Climate Governance at the Crossroads.* New York: Oxford University Press, 2011.

IRIARTE IRURETA, I. La colaboración entre Gobiernos Regionales: la Red internacional de Gobiernos Regionales por el Desarrollo Sostenible (nrg4SD).

In *XVI Congreso de Estudios Vascos: Garapen Iraunkorra*. Donostia: Eusko Ikaskuntza, 2006, p. 531-533.

JACOBS, M. *The Politics of the Real World: meeting the new century*. Earthscan, 1996.

JUNQUEIRA, Cairo Gabriel Borges. Paradiplomacia: a transformação do conceito nas relações internacionais e no Brasil. *BIB-Revista Brasileira de Informação Bibliográfica em Ciências* Sociais 83, 2017.

KEATING, M. Regions and international affairs: motives, opportunities and strategies. In: ALDECOA, F. KEATING, M. *Paradiplomacy in action: the foreign*

relations of subnational governments. London: Frank Cass Publishers, 2005, p.875-902.

LECOURS, A. *Political issues of paradiplomacy: lessons from the developed world*. The Hague: Netherlands Institute of International Relations 'Clingendael', 2008.

LITFIN, K.T. Environment, Wealth and Authority: global climate change and emerging modes of legitimation. *International Studies Review*, vol.2, n. 2, 2000.

NASSER, Salem Hikmat. Direito global em pedaços: fragmentação, regimes e pluralismo. *Revista de Direito Internacional*, Brasília 12.2 , 2015.

NEVES, Miguel Santos. "Paradiplomacia, Regiões do Conhecimento e a Consolidação do 'Soft Power'." *JANUS .NET e-journal of International Relations 1*, 2010.

RUIZ, J.J. *Derecho Internacional del medio ambiente*. Madrid: McGraw-Hill, 1999.

RABE, B. G. *Statehouse & Greenhouse: The Emerging Politics of American*

Climate Change Policy. Washington, DC: Brookings Institution Press, 2004.

REI, F.C.F., CUNHA, K.B., SETZER, J. La Paradiplomacia Ambiental en la Nueva Governanza Internacional. *Revista TIP* n.2. Buenos Aires, 2012, p. 50-63.

SERRANO, Ana Pallares. Análisis del anteproyecto de ley de cambio climático y transición energética: luces y sombras. *Revista Catalana de Dret Ambiental* 11.1, 2020.

SETZER, Joana; REI, Fernando and CUNHA, Kamyla. A Rio+ 20 e o quadro institucional pelo desenvolvimento sustentável: o papel dos governos subnacionais na governança ambiental global. *Revista de Direito Internacional* 9.3, 2012.

SETZER, J. Governança multinível das mudanças climáticas: políticas

subnacionais e ações transnacionais em São Paulo. In: REI, F.C.F. (org.). *Direito e desenvolvimento: uma abordagem sustentável*. São Paulo: Saraiva, 2013.

SMITH, Keith. Innovating for the global commons: multilateral collaboration in a polycentric world. *Oxford Review of Economic Policy* 33.1, 2017.

SOLDATOS, Panayotis, and MICHELMANN, Hans. Subnational units' paradiplomacy in the context of European integration. *Journal of European Integration*: Vol. 15, No. 2-3, 1992.

4.

DIREITO GLOBAL DIGITAL

Daniel Freire e Almeida
Verônica Scriptore Freire e Almeida

Introdução

A necessidade de um diálogo permanente entre os quadros normativos e o contexto global impulsionado pela Internet é um dos maiores desafios do século presente.

Em verdade, os sistemas legais foram sendo ampliados na medida em que os seres humanos foram alargando seus horizontes. Desde as novas chegadas às Américas, até os novéis cenários vislumbrados pelos aviões, a humanidade caminha para a integração de suas vontades de regulação.

Nesse desenrolar, fundamental enfatizarmos, então, que o ambiente digital, ampliado pelas múltiplas formas de conexão pela Internet, tem apresentado gama significativa de repercussões jurídicas que extrapolam as fronteiras nacionais.

Em seu histórico construtivo, e a seu turno, o Direito encontrava nos limites, sejam eles formados por muros ou linhas cartográficas, suas formas de regulação, jurisdição e dominação. Tudo, pois, em espaços locais, regionais, nacionais. Surgem daí as referências às comarcas, condados, entre outras.

Porém, a questão que se levanta aqui, é a de verificar se o contexto digital global, formado por empresas globais, dados em contínua transferência internacional, usuários utilizando-se de aplicativos globais, o comércio eletrônico sem fronteiras, pagamentos globais, é regulável por governos com limites jurisdicionais para o exercício de suas funções por seus órgãos de soberania.

Nesse cenário, ponderando o que ocorre digitalmente em escala global, os Estados, por meio de seus quadros jurídicos limitados, não podem lutar nesta inovadora conjuntura eletrônica. Não com seus atuais instrumentos de ordenação e julgamento de casos.

O argumento para tal rigor dessa abordagem é o de que, nunca antes, um fenômeno envolveu tantos atores (os internautas), com tantas empresas (as digitais), com um turbilhão de dados, e com um arsenal de problemáticas legais daí advindas. E tudo isso de forma global.

Outro ponto marcante, nesta linha, é de que a Internet aproxima diferentes regiões, tornando instantâneo o lá e o cá, ensejando relações jurídicas e, também, e por outro lado, conflitos.

Por conseguinte, as análises que se seguirão são afetas, por primeiro, ao novo contexto digital global. Nesta linha de ideias, para que exista um Direito Global, o contexto de aplicação deverá necessariamente ser constituído em escala global.

Depois, em máxima importância, nos dedicaremos à proposta de criação de um quadro jurídico global para a Internet.

Resta, essencialmente, doravante, passar-se então a compreensão dos referidos pontos, com vistas à construção de um Direito Global Digital.

1. O Contexto Global Digital

A constituição global da Internet oferece-nos igualmente repercussões jurídicas globais.

Com efeito, a Internet tem sido um espaço digital de convergência e concentração, sem precedentes, das mais variadas formas de informação, comunicação, conhecimento, comercialização de produtos, serviços e entretenimento[1].

De fato, a Internet está se tornando em uma utilidade indispensável, perfazendo grande parte de nossas atividades cotidianas, e as estruturas legais que determinam a forma como nos ordenamos estão sendo reescritas.

Nesta linha, uma das maiores transformações sociais vivenciadas atualmente é internacionalização dos diversos usos da Internet e da comercialização de produtos e conteúdos.

A este respeito, é importante, inicialmente, indicar que não existe nada mais internacional do que a Internet. Desde sua estruturação global, até as repercussões jurídicas internacionais, a Internet vem configurando um ambiente digital único.

Em referido contexto, as novas tecnologias, de que são exemplo os múltiplos usos da Internet, estão automaticamente interligando as pessoas e o mundo.

1.1. Estrutura Global da Internet

Por primeiro, insta destacar, que a Internet é composta pela integração entre o hardware, o software e a conexão entre eles. Inicialmente, os compu-

---

1 A presente parte deste capítulo encontra embasamento, com maior desenvolvimento em: FREIRE E ALMEIDA, Daniel. **An International Tribunal for the Internet**. São Paulo: Almedina, 2015. Vide, também: FREIRE E ALMEIDA, Daniel; SCRIPTORE, Verônica. **An International Tribunal for the Global e-commerce**. In: Daniel Freire e Almeida; Verônica Scriptore. (Org.). O E-Commerce Global e o Direito Internacional na Internet. New York: Lawinter Editions, 2020, v. 1, p. 201-246. No mesmo sentido, veja: FREIRE E ALMEIDA, Daniel. **The Taxation of Electronic Commerce in the United States of America and in the European Union**. São Paulo: Almedina, 2015.

tadores (hardware) conectados à Internet respondiam pela maior parte das conexões. Contudo, atualmente, os *smartphones* alavancaram os acessos, proporcionando Internet nas mãos de mais de 5,3 bilhões de usuários em todo o mundo[2]. Logo, a necessidade que se tinha por telefones celulares há dez anos, hoje multiplicou-se em virtude da forma diferente de comunicação proporcionada pela Internet.

A velocidade e a capacidade de transmissão dos dados tem sido responsáveis pela ampliação dos conteúdos e negócios realizados pela Internet. Tudo isso vem sendo, complementarmente, multiplicado pelas conexões via satélite. Em adição, o atingimento dos mais distantes pontos do planeta, de forma satelital, torna a Internet, de fato, global.

Embora o hardware, representado pelos *devices* (computadores, *smartphones, tablets,* fibra ótica, satélites) desempenhe um papel essencial ao atuar como base para a coexistência mútua global dos espaços *online* e *offline,* o principal estimulador da ação é o software. A diversidade e a prevalência de milhões de aplicativos e programas permitem que as pessoas expandam significativamente a aplicabilidade dos dispositivos.

O imenso uso de software pode ser visto praticamente em todas as esferas da vida humana, como educação, relacionamentos, negócios e política. Um dos elementos mais críticos do software são os aplicativos (*apps*), que são integrados a todos os aspectos de interesse das pessoas, de forma global. O espaço *online* composto por aplicativos e conteúdos está constituído para atingir públicos em todas as partes, e demonstram as utilidades globais da Internet.

Alguns dos exemplos são os aplicativos de geolocalização como waze, de transporte como o Uber, de compras como a Amazon, de buscas como o Google, de redes sociais como o Instagram, entre muitos e muitos outros. De fato, tudo está na Internet. Podemos arriscar dizer que, em alguma fase, o assunto, o produto, o dado, o conteúdo, ou o que quer que seja, passa em algum momento pela Internet. Em síntese a respeito, o planeta está atravessado e conectado pela Internet, e nada do que ocorre em algum lugar da terra pode estar de fora.

Portanto, a junção do harware com o software em busca das conexões à Internet são estruturadas de forma internacional, em um ambiente digital verdadeiramente global.

1.2. E-commerce Global

O cenário referido no tópico anterior, de estruturação global da Internet, é um grande facilitador da multifuncionalidade das conexões, ampliando as oportunidades internacionais que se abrem. Nesta linha, as empresas passaram a observar a escala global da rede mundial, buscando oferecer produtos, serviços, entretenimento e conteúdos de forma internacional.

---

2 *Cfr.* INTERNET WORLD STATS. World Internet Usage and Population Statistics. Disponível em: https://www.internetworldstats.com/stats.htm . Acesso em: 10.12.2023.

Exemplificativamente, o Google ao estabelecer sua missão deixa claro o seu contexto de atuação, nestes termos:

> *"Nossa missão é organizar as informações do* ***mundo*** *para que sejam* ***universalmente*** *acessíveis e úteis para todos."*3

Mas não é somente o Google. As maiores empresas do mundo, que perfazem suas atividades no ambiente digital, utilizam-se da configuração global da internet para realizarem seus negócios, como Apple, Microsoft, Alphabet (Google), Netflix, Amazon, Meta (WhatsApp, Facebook, Instagram), Bytedance (TikTok), Samsung, Tencent, Intel, TSMC (Taiwan Semiconductor Manufacturing Company), Cisco, IBM, Alibaba, entre milhares de outras.

Logo, as inovações alavancadas pelos diferentes usos da Internet provocaram mudanças no campo de atuação das empresas, passando da escala local para a global.

Neste quadro, um fator contributivo para a disseminação do mercado das empresas tem sido a digitalização dos conteúdos. A possibilidade da digitalização de dados, mensagens, informações, documentos, músicas, vídeos, *software*, transmissões, produtos digitais, serviços, pagamentos (Bitcoin), tem facilitado e aproximado a empresa do consumidor, e vice-versa.

O sistema tradicional de comércio foi substituído por sistemas integrados, globais, onde grandes quantidades de dados **são comprimidas e transferidas sob o formato digital.** Assim, a exposição de produtos e a comercialização dos mesmos é feita em dimensão nunca antes imaginada pelos economistas clássicos. Em outras palavras, o mercado, com a Internet, passou a ser global.

Em conformidade com o alisado, pela primeira vez na história das civilizações, um cidadão comum ou uma *startup* pode, facilmente e a um custo muito baixo, não só ter acesso a informações localizadas nos mais distantes pontos do globo, como também criar, gerenciar, comparar, disponibilizar e distribuir produtos e serviços em larga escala, em âmbito mundial, algo que somente uma grande organização poderia fazer, usando os meios de comunicação convencionais[4].

O e-commerce proporciona o alcance global de uma empresa, que pode, em pouco tempo, receber pedidos provenientes de todas as partes do mundo. Nesta sequência, uma nova economia emergiu, em escala mundial: digital, global e interconectada.

---

3 GOOGLE. Sobre. Disponível em: https://about.google/?utm_source=google-BR&utm_medium=referral&utm_campaign=hp-footer&fg=1 . Acesso em: 12.12.2023.

4 *Vide* FREIRE E ALMEIDA, Daniel. **The Taxation of Electronic Commerce in the United States of America and in the European Union**. São Paulo: Almedina, 2015.

1.3. Redes Globais de Pessoas e Dados

Com a Internet, foram possibilitadas novas redes globais de relacionamento e dados. Progressivamente, as redes de relacionamento digitais, que se formaram a partir da Internet, passaram a integrar pessoas de forma internacional, aproximando culturas, em relacionamentos por cima das fronteiras.

De fato, os avançados tecnológicos impulsionados pela Internet tornam o mundo cada vez mais um só, unindo indivíduos e grupos através de relações supranacionais. Atualmente, muitos de nós passamos mais tempo usando novos serviços globais da Internet, nos conectando com amigos e profissionais nas redes sociais como WhatsApp (2 bilhões de usuários), Facebook (3 bilhões de internautas), YouTube (2,5 bilhões de pessoas), Instagram (2 bilh**ões** de usuários), WeChat (1,3 bilhões), TikTok (1,2 bilh**ões**), Telegram (800 milhões), X (Twitter, 666 milhões), e Linkedin (800 milhões de usuários)[5].

Todos estes serviços e utilidades revolucionaram o potencial de utilização da informação e dos relacionamentos sociais. Acrescente-se, que atualmente mais de 3 bilhões de pessoas em todo o mundo utilizam as redes sociais da Internet. Em complemento, novas ferramentas globais surgiram como o Microsoft Teams, Google Meet, Zoom, Skype, Cisco Webex, ezTalks, entre outras. Logo, as possibilidades de contatos globais, ao vivo, são transformadoras e realistas.

Entretanto, porém, assuntos como empresas, comunidade, privacidade, política, sexo, amor, Direito, privacidade, liberdade de expressão, publicidade, tratamento de dados, robôs, metaverso, são também questões que estão associadas com o conceito das plataformas de redes sociais populares e das ferramentas disponibilizadas. Existe, pois, uma relação profunda entre as ferramentas de comunicação *online* e as transformações em nossas relações sociais, que repercutem na dicotomia entre a liberdade e a responsabilidade. As consequências para a sociedade, pela maneira que vivemos, trabalhamos, aprendemos, nos comunicamos, nos entretemos, e pensamos, prometem ser igualmente profundas.

A seu turno, o turbilhão de informações e dados gerados pelos relacionamentos advindos das redes sociais gerou a possibilidade dos conteúdos serem coletados, hospedados, processados, tratados, organizados, comercializados, utilizados e transferidos de forma internacional, gerando debates jurídicos acirrados.

Em outras palavras, a comunicação, a difusão, a interconexão de dados pessoais, a transferência internacional, o tratamento compartilhado internacional de bancos de dados pessoais, blockchain, passou a configurar a realidade digital vivenciada nas redes globais.

---

5 *Cfr.* STATISTA. Global social networks ranked by number of users 2023. Disponível em: https://www.statista.com/statistics/272014/global-social-networks-ranked-by-number-of-users/ . Acesso em 08.12.2023.

Tais condições, aliás e por fim, ***já indicam que o enquadramento legislativo nacionalizado e o exercício de jurisdição nacional (através dos tribunais) não conseguem responder aos atuais desafios que se colocam.***

Os contextos de interação e comunicação pela Internet passaram a ser universais, imediatos, simultâneos e digitais.

1.4. Internet Global x Decisões e Normas Nacionais

Importante aqui realçar, em princípio, que os trilhões de yottabytes (YB)[6] de dados disponibilizados na Internet torna-se um dos pontos basilares para o estudo do Direito, em geral, e o ambiente mundial que estes dados atingem passa a ser um dos fundamentos para a construção de quadros legais globais para a Internet, em especial.

Mas se, por um lado, a Internet é global, os tribunais e normas são nacionais, normalmente.

A este respeito, representando as milhares de decisões e situações que explicitam esta máxima acima, está a decisão do Tribunal de Justiça da União Europeia, no caso do Direito de ser esquecido. Este relevante imbróglio, correspondente ao direito ao esquecimento, foi definido de forma pioneira no Regulamento (UE) 2016/679 da União Europeia (Regulamento Geral sobre a Proteção de Dados)[7].

Sob o prisma legal, com efeito, o artigo 17.º estipula que o titular dos dados tem o direito de obter do responsável pelo tratamento o apagamento dos dados pessoais que lhe digam respeito sem demora injustificada, e o responsável pelo tratamento tem a obrigação de apagar os dados pessoais (direito ao apagamento dos dados - direito a ser esquecido).

No entanto, apesar de ter servido de modelo para o mundo, o regulamento está limitado ao território da União Europeia, conforme decisão do Tribunal de Justiça da União Europeia. O Tribunal da UE decidiu que o Google (no caso C 507/17) não tem que aplicar o direito de ser esquecido globalmente, nestes termos:[8].

> *Pelos fundamentos expostos, o Tribunal de Justiça (Grande Secção) declara:*
>
> *O artigo 12.o, alínea b), e o artigo 14.o, primeiro parágrafo, alínea a), da Diretiva 95/46/CE do Parlamento Europeu e do Con-*

---

6 O yottabyte é uma unidade de medida informática, equivalente a 10 elevado a 24 bytes.

7 *Vide* REGULATION (EU) 2016/679 OF THE EUROPEAN PARLIAMENT AND OF THE COUNCIL on the protection of natural persons with regard to the processing of personal data and on the free movement of such data. Disponível em: https://eur-lex.europa.eu/legal-content/EN/TXT/HTML/?uri=CELEX:32016R0679&from=PT . Acesso em: 04.05.2023.

8 THE COURT OF JUSTICE OF THE EUROPEAN UNION. Judgment of the Court (Grand Chamber). Case C507/17. 24 September 2019. Google LLC v Commission nationale de l'informatique et des libertés (CNIL). Disponível em: https://eur-lex.europa.eu/legal-content/EN/TXT/?uri=CELEX%3A62017CJ0507 . Acesso em: 13.05.2023.

selho, de 24 de outubro de 1995, relativa à proteção das pessoas singulares no que diz respeito ao tratamento de dados pessoais e à livre circulação desses dados, bem como o artigo 17.o, n.o 1, do Regulamento (UE) 2016/679 do Parlamento Europeu e do Conselho, de 27 de abril de 2016, relativo à proteção das pessoas singulares no que diz respeito ao tratamento de dados pessoais e à livre circulação desses dados e que revoga a Diretiva 95/46 (Regulamento Geral sobre a Proteção de Dados), devem ser interpretados no sentido de que, quando aceita um pedido de supressão de referências ao abrigo destas disposições, ***o operador de um motor de busca não tem de efetuar essa supressão de referências em todas as versões do seu motor, devendo fazê-lo nas versões deste que correspondem a todos os Estados-Membros****, e isto, se necessário, em conjugação com medidas que, embora satisfaçam as exigências legais, permitam efetivamente impedir ou, pelo menos, desencorajar seriamente os internautas que efetuam uma pesquisa a partir do nome da pessoa em causa dentro de um dos Estados-Membros de, através da lista de resultados exibida após essa pesquisa, aceder às hiperligações que são objeto desse pedido.*

A partir do exposto, concluímos que as normas, aqui representadas pelo Regulamento (UE) 2016/679, possuem limitação geográfica alinhada aos estados-membros da União Europeia. Na mesma ordem de ideias, a decisão do tribunal aplica-se, por conseguinte, ao mesmo espaço territorial, não podendo obrigar o Google a suprimir, globalmente, os resultados de buscas, em pedidos oriundos de usuários da União Europeia.

2. Rumo a um Direito Global Digital

De todo coerente, em consequência, após os estudos do contexto digital global da Internet, passar-se ao exame, detido e fundamental, dos assuntos principais que podem ser vislumbrados em relação à formação de um Direito Global Digital.

Conforme vimos, como o e-commerce e a Internet correm na direção global, acabam por necessitar de regras e judicialização igualmente globais. As novas ondas da Internet começam a exigir um tratamento global no que diz respeito à chamada governança na Internet.

Nesta linha é que defendemos, desde nossos basilares escritos, a criação de um quadro legal global para a Internet[9].

A constituição de um novo ambiente digital global implica perceber que há crescente necessidade de mudanças na estrutura legal para enfrentar os desafios hodiernos.

Em primeira análise sobre os desafios judiciais que coloca a Internet, devemos ilustrar que a concisa, mas intensa história de confrontos judiciais oriundos de problemas causados pelo mundo *online* tem demonstrado a relutância de certas empresas e pessoas em aceitar intervenções que alterem de maneira dramática a arquitetura natural global da Internet.

Por outro lado, pudemos vislumbrar, pelo caso do Google, que um dos desafios encontrados por um tribunal limitado territorialmente, é o de conseguir a subordinação de determinado réu de forma global.

Neste contexto, os poderes de decretar a lei e julgar litígios, nem sempre correlacionam-se com a possibilidade de fazer valer o julgamento. De fato, o verdadeiro alcance e poder de uma nação é medido pela possibilidade de executar sua jurisdição, o que necessariamente não será feito no ambiente global da Internet.

Em outra perspectiva, de regulação privada da Internet, a questão de concordância dos termos de serviço dos *sites* na Internet levanta uma situação sensível, sob o ponto de vista dos internautas. Isto se dá porque em grande parte os usuários não observam, com o devido cuidado, seu consentimento à jurisdição oferecida pelo *site*. Assim, ao acessar determinado serviço, o usuário concorda, por um simples "ok" que aceita submeter-se a jurisdições e legislações longínquas e, na maioria dos casos, inatingíveis. Se por um lado parece solucionar a questão dos conflitos entre os poderes judiciais e legislativos, de outro cria um conflito para ele próprio, pela dificuldade e custos em submeter litígios em locais distantes fisicamente. Por outro lado, no entanto, a constituição de diretrizes estabelecidas nos termos de serviços pode configurar importante delineamento de normas da Internet que atendam os objetivos das diferentes partes envolvidas em um relacionamento digital.

Em continuidade, como pudemos conjecturar, ante o examinado, a Internet é uma rede global destinada a ignorar, em vez de respeitar, as linhas geográficas. O alcance mundial da Internet está a destruir a relação entre a localização geográfica e os órgãos de soberania estatais no exercício de seus poderes legislativos e judiciários locais na afirmação de controle sobre o comportamento *online*.

---

9 *Vide* FREIRE E ALMEIDA, Daniel. **An International Tribunal for the Internet**. São Paulo: Almedina, 2015. Vide, também: FREIRE E ALMEIDA, Daniel; SCRIPTORE, Verônica. **An International Tribunal for the Global e-commerce**. In: Daniel Freire e Almeida; Verônica Scriptore. (Org.). O E-Commerce Global e o Direito Internacional na Internet. New York: Lawinter Editions, 2020, v. 1, p. 201-246. No mesmo sentido, veja: FREIRE E ALMEIDA, Daniel. **The Taxation of Electronic Commerce in the United States of America and in the European Union**. São Paulo: Almedina, 2015.

As fronteiras físicas já não podem mais funcionar como sinalizadores aos países, e informar os indivíduos e empresas das obrigações assumidas por entrar em uma nova jurisdição, porque os referidos atores não têm conhecimento da existência dessas fronteiras quando se movem através do espaço virtual.

Por todos os títulos, não existe nada mais internacional do que a Internet, e os Estados nacionais, originalmente territoriais, estão sendo desafiados no exercício de seu poder soberano neste espaço digital.

Logo, novas alternativas cosmopolitas de exercício judicial e legislativo podem sim contribuir com vistas a contemplar os anseios de bilhões de pessoas que se deparam frente às novas problemáticas internacionais da Internet.

Contudo, perceba-se que no desenrolar dos debates sobre a governança da Internet, não há uma única organização que coordene todas as questões relacionadas com a rede. Pelo contrário, há um vasto grupo de organizações interessadas em pontos específicos. E nenhuma delas regula e julga os litígios globais envolvendo todos os confrontos originados pela Internet.

É nesta perspectiva, então, que buscamos apresentar nossa solução de criação de uma Organização Internacional, com a finalidade de regular e julgar as questões internacionais da Internet. Em outras palavras, um Tribunal Internacional para a Internet[10].

Oportuna e necessária, por conseguinte, a abordagem sobre o regime jurídico global aplicável. Neste ponto basilar, nossa compreensão inicial é no sentido da criação do Tribunal nos moldes de uma Organização Internacional, dotada de personalidade jurídica de Direito Internacional.

O principal argumento para esta importante qualidade, de ser uma Organização Internacional, é seu poder de celebrar tratados internacionais (*jus tractuum - treaty making power*). Com isso poderá atrair os países aderentes, negociar seus pontos de interesse internacional, e aproximar-se de outras organizações internacionais e empresas internacionais da Internet, fundamentais para o atingimento dos fins propostos.

---

10 Em 27 de Abril de 2012 defendemos, em provas públicas de Doutoramento, na Universidade de Coimbra, nossa Tese intitulada "Um Tribunal Internacional para a Internet". Nela apresentamos, em profundidade, os pontos delineadores da criação de uma organização internacional que regulasse e julgasse os casos internacionais da Internet. Desde nossos iniciais estudos, em 1999, acreditamos ser a melhor técnica jurídica para enfrentar os desafios atuais da Internet. *Cfr.* FREIRE E ALMEIDA, Daniel. **Um Tribunal Internacional para a Internet**. Tese de doutoramento apresentada à Faculdade de Direito da Universidade de Coimbra, em Portugal. Disponível em: https://estudogeral.uc.pt/handle/10316/19899 . Coimbra: 2012. *Vide*, também: **ORGANIZAÇÃO DAS NAÇÕES UNIDAS**. Entrevista: Brasileiro defende Tribunal para a internet. Disponível em: https://news.un.org/pt/story/2012/08/1411851-entrevista-brasileiro-defende-tribunal-para-internet . New York: 2012. *Vide*, FREIRE E ALMEIDA, Daniel. **A Tributação do Comércio Electrónico nos Estados Unidos da América e na União Europeia**. Coimbra: Faculdade de Direito da Universidade de Coimbra, 2002. Veja, ainda: FREIRE E ALMEIDA, Daniel; SCRIPTORE, Verônica. **An International Tribunal for the Global e-commerce**. In: Daniel Freire e Almeida; Verônica Scriptore. (Org.). O E-Commerce Global e o Direito Internacional na Internet. New York: Lawinter Editions, 2020, v. 1, p. 201-246.

Para além deste relevante argumento, a estrutura de uma Organização Internacional comporta uma assembleia geral, local apropriado para a celebração das futuras normas internacionais a serem aplicadas pelo Tribunal.

Por outro lado, quanto à sua jurisdição, e em ordem a responder aos desafios levantados na primeira parte, o Tribunal deverá reunir apetência global. Essencialmente, destaca-se, que seu alcance deverá ser mundial, englobando pessoas, empresas, Estados, e Organizações Internacionais.

Isto porque, entre outros pontos, a Internet constitui-se em temática que interessa a todos os povos, é utilizada em todo o globo, os diferentes sistemas informáticos interligam-se, as diversas línguas encontram suas terminologias universais, as empresas são mundiais, os dados são transferidos internacionalmente, e a Internet é global.

Em prosseguimento, e de forma muito importante, não podemos deixar de considerar que os casos que consigam atingir um julgamento adequado por parte de um país ou órgão, mesmo que envolvam uma perspectiva internacional, devem ser respeitados pelo Tribunal. Em outras palavras, a jurisdição do Tribunal Internacional para a Internet deve ser, então, de alcance complementar e partilhado às jurisdições nacionais. Essencialmente, destaca-se, que a jurisdição do Tribunal funcionaria em razão do conflito ser internacional, e envolver a Internet ou o e-commerce, e não pela nacionalidade ou localização das partes.

Em termos de finalidade, no exame da problemática vertente, o Tribunal Internacional para a Internet teria o objetivo fulcral de julgar os litígios internacionais relacionados à Internet e ao comércio eletrônico internacional. Adicionalmente, dentro de sua esfera de competência, na sua assembleia geral, seriam discutidas e formuladas as novas disposições regratórias internacionais da Internet[11]. Assim, o Tribunal seria dotado de um centro de competência legislativa, qual seja, a sua assembleia geral.

Já sobre o Direito aplicável nos julgamentos do Tribunal Internacional para a Internet, a primazia inicial seria a do Tratado Internacional instituidor do Tribunal Internacional para a Internet.

Adicionalmente, devemos salientar que os Tratados negociados e adotados na assembleia geral do Tribunal, que ulteriormente definam normas sobre o Direito Internacional na Internet e do comércio eletrônico, devem fazer parte do Tratado Instituidor do Tribunal, bem como do arcabouço normativo global da Internet. Ainda que sejam definidos como Tratados específicos de determinadas áreas, farão parte, de forma codificada, da estrutura normativa do Tribunal Internacional para a Internet.

Em prosseguimento, devemos mencionar que os julgadores passariam às normas escritas, nomeadamente aos Tratados Internacionais que possuem objeto de incidência nos domínios da Internet, e do *e-commerce*, como a Convenção de Budapeste, por exemplo. A referida Convenção, sem dúvida, busca

---

11 *Vide*, de forma aprofundada, sobre o tema: FREIRE E ALMEIDA, Daniel. **Um Tribunal Internacional para a Internet.** São Paulo: Almedina, 2015

solucionar o enredado contexto de crimes internacionais, quando os crimes são cometidos por meio da tecnologia, especificamente da internet, alinhando as regras de direito penal e processual penal, com a cooperação internacional.

É um instrumento internacional de cooperação firmado no âmbito do Conselho da Europa, buscando combinar definições conceituais e cooperacionais sobre crimes cometidos na Internet.

Note-se, fundamentalmente, que a Convenção, como o primeiro tratado internacional sobre crimes digitais, é fulcral em crimes cometidos pela Internet, como invasão de redes de computadores e sistemas informáticos, violações de direitos autorais, fraudes e infrações informáticas a partir da Internet, pornografia infantil, violações de segurança de rede, e racismo e xenofobia praticados pela Internet[12].

Atualmente reúne 68 países, incluindo os Estados Unidos da América. Em suma a respeito, a referida Convenção sobre o Cybercrime visa, também, harmonizar o Direito Internacional Penal na Internet, isto é, as normas substantivas que indicam ao órgão judicante o enquadramento de determinada situação realizada pela Internet. Mas, contêm, igualmente, normas relativas ao tratamento processual e cooperacional.

Entretanto, qual a relevância de uma norma internacional se não há um tribunal internacional para aplicá-la?

Em prosseguimento, no mesmo diapasão regratório, há um crescente movimento de contratualização digital que tem procurado definir regras a serem utilizadas em litígios futuros, resultantes de atividades na Internet. Em suma, para tais efeitos, os usuários têm estabelecido termos de serviço, que traduzem-se em cláusulas contratuais gerais disponibilizadas aos usuários no momento em que procedem à sua inscrição, ou quando pretendem realizar um atividade na Internet, ou acessar um web site. As normas meritórias ali criadas não podem ser desprezadas aquando de eventual julgamento no Tribunal, trazendo para o contexto judicante inovadoras fontes jurídicas digitais.

Devemos acrescentar, que o Tribunal poderá também fundamentar suas decisões segundo os princípios, que revestem-se de vetores, estabelecendo a base de certas condutas e valores digitais. Embora o Direito Internacional na Internet seja um regime jurídico novo, alguns princípios começam a evoluir, destacando-se o princípio da liberdade da Internet, o princípio da privacidade, o princípio da cooperação interestatal, e o princípio da cooperação multissetorial.

Em importante complemento, o "Internet Rights & Principles", procura elevar dez direitos fundamentais e princípios de governança da Internet. Eles foram compilados pela "Internet Rights and Principles Dynamic Coalition"(IRP), entidade que procura defender os Direitos Humanos na Internet. Os referidos princípios e direitos são: Universalidade e Igualdade, Direitos e Justiça Social, Acessibilidade, Expressão e Associação, Privacidade e Proteção de Dados, A

---

12 COUNCIL OF EUROPE. **Convention on Cybercrime**. Disponível em: https://www.coe.int/en/web/cybercrime/the-budapest-convention . Acesso em: 12.12.2023.

Vida, Liberdade e Segurança, Diversidade, Rede de Igualdade, Normas e Regulamentos, e Governança[13].

Ainda nesta seara, vale adicionar a recente "Declaration for the Future of the Internet"(2022), iniciada pelo governo dos Estados Unidos da América, que foi assinada por 60 países em Washington, D.C. A Declaração pretende servir como documento de referência para uma visão positiva para a Internet e as tecnologias digitais. Segundo o Departamento de Estado dos EUA, a declaração busca recuperar a promessa da Internet diante das oportunidades e desafios globais apresentados pelo século XXI. Também reafirma e compromete novamente seus parceiros com uma única Internet global, verdadeiramente aberta e que promova a competição, a privacidade e o respeito pelos direitos humanos[14].

Em continuidade, como decorrência, então, dos próprios objetivos já antes destacados do Tribunal, verificamos que o novel Organismo deve possuir seu setor judicante. Em primazia, a câmara de julgadores reuniria os juízes. Os juízes seriam devidamente divididos em subcâmaras de instrução, c**âmaras** especializadas (divisões em áreas jurídicas internacionais da internet, e uma divisão geral), e c**âmaras de** recurso.

O Tribunal tem como objetivo fulcral julgar os litígios internacionais relacionados à Internet e ao e-commerce. Ademais, qualquer juiz do tribunal poderia, por sorteio distributivo, elaborar pareceres consultivos internacionais. Questões de grande repercussão internacional que exijam a interpretação do direito aplicável no Tribunal Internacional para a Internet poderiam ser submetidas à apreciação consultiva do Tribunal.

Esta construção propositiva, no sentido de uma judicialização internacional, mais eficiente e apropriada para o mundo da Internet, é da maior necessidade.

Essencialmente, o que se deseja é, além da identificação e análise da relevante problemática que se apresenta, idealizar uma solução eficaz.

Em síntese conclusiva, a idealização de um Tribunal Internacional para a Internet, nos moldes de uma organização internacional, é solução que, para nós, é a de melhor técnica jurídico-internacional para a construção de um Direito Global Digital.

Ademais, por fundamental, devemos destacar que a liberdade que tanto atrai as pessoas para a Internet, ao mesmo tempo, e paradoxalmente, para ser devidamente mantida precisa de certa ordenação, seja por novos meios regulatórios, seja por novos meios judiciais. E, tudo isso, deve ser global.

---

13 *Cfr.* Internet Rights & Principles. 10 Internet Rights & Principles. Disponível em: https://internetrightsandprinciples.org/ . Acesso em: 10.05.2023.

14 *Cfr.* US DEPARTMENT OF STATE. Declaration for the Future of the Internet. Disponível em: https://www.state.gov/declaration-for-the-future-of-the-internet . Acesso em 10.05.2023.

Adicionalmente, a Internet reúne certas características e condições globais que desafiam antigas experiências judiciais e prescrições regulatórias nacionais de resolução de conflitos jurídicos.

Realmente, as redes digitais operadas pela sociedade são globais, e a estrutura social nas quais se baseiam as redes digitais é por definição global.

Por todos os títulos, a conformação de um novo Direito Global Digital é fundamental para respondermos aos atuais problemas que se colocam.

Conclusões

Posto tudo isso, concluímos, que ainda que os países procurem manter a soberania judicial e legislativa sobre algumas áreas da Internet, devem admitir a necessidade de cooperar e compartilhar o poder com outras nações e empresas nesta seara.

Tais condições, bem como muitos dos processos que afetam pessoas, países e empresas no mundo da Internet, estão além das competências e mecanismos de exercício dos órgãos de soberania nacionais em relação aos poderes judicial e legislativo.

A partir do exposto, crescem as necessidades no sentido de exigir novas formas de governação mundial para lidar com estas questões digitais e igualmente globais. Realmente, as pessoas e empresas procuram maiores certezas e justiça globais nos assuntos internacionais envolvendo a Internet.

Nesta linha de ideias, com o aumento de usuários da Internet, e na medida em que os problemas internacionais trazidos à tona também crescem, as respostas também devem ser globais.

Não havendo barreiras físicas para a mobilidade *online*, as formas de controle nacionalizadas passam a ser ignoradas.

As múltiplas atividades realizadas através da Internet **são por inerência transnacionais, desterritorializadas, apresentando complexidades sobre a aplicação dos regramentos nacionais ou regionalizados.**

Os avanços tecnológicos apresentam, através das inúmeras atividades proporcionadas pela Internet, significativas interações com interferências infindáveis sobre indivíduos distantes fisicamente, mas cada vez mais conectados virtualmente.

Em termos práticos, devido à natureza global da Internet, tornou-se cada vez mais difícil aplicar elementos conectivos de territorialidade, e determinar, com razoável certeza, a legislação que será aplicada.

A seu turno, as atividades digitais atravessam fronteiras territoriais, criando um novo domínio de atividade humana que mina a viabilidade e a legitimidade de aplicação de leis com base em limites geográficos, pois não há ligação necessária entre um endereço de Internet e uma localização física.

Isso equivale a dizer que atividades realizadas na Internet podem estar vinculadas à jurisdição, virtualmente, de cada país que tiver pessoas conectadas à Internet, onde a juridicidade de cada país pode ser aplicada ao mesmo tempo.

De fato, a natureza global da Internet, bem como seu alcance global, proporcionado por uma arquitetura mundial, apresenta uma série de complexidades jurisdicionais para qualquer país que deseje exercer seu poder soberano normalmente.

Podemos concluir, ante o examinado, que a Internet é uma rede global destinada a ignorar, em vez de respeitar, as linhas limítrofes. E, devemos admitir, que as soluções judiciais e legislativas foram elaboradas ao longo da história com critérios estritamente territoriais.

Infere-se, ainda, de todo o apanhado, que o ambiente internacional proporcionado pela rede mundial permite, mais corriqueiramente, consequências aos cidadãos resultantes de atividades e ligações provenientes de pessoas e empresas que estão fora das bases jurisdicionalizadas.

Por todos os títulos, não existe nada mais global do que a Internet, e os Estados nacionais, originalmente territoriais, estão sendo desafiados no exercício de seu poder soberano neste espaço virtual.

Neste sentido, em face de todo o investigado, bem como do panorama ilustrado, consideramos ser necessário um novo plano, em virtude da atual falta de habilidade de se responder a todas as questões digitais que se colocam frente aos poderes nacionais.

Em verdade, novas alternativas globais de exercício judicial e regratório podem sim contribuir com vistas a contemplar os anseios de milhões de pessoas que se deparam frente às novas problemáticas internacionais da Internet.

Por tais motivos, é que ao idealizarmos e passarmos a considerar a inédita implementação de um Tribunal Internacional para o Direito na Internet, nos moldes de uma organização internacional, procuramos responder aos principais desafios alinhavados hodiernamente, e em sequência a ter-se em vista a construção de um Direito Global Digital.

Em suma, e considerando que atualmente a Internet tem alcançado um espaço que está intimamente ligado a diversas e importantes tarefas das pessoas e empresas, a elevação de critérios normativos, com a consagração de meios judiciais que possibilitem o exercício eficaz do Direito Global na Internet, é exigência fundamental no mundo de hoje.

Referências

BASSAN, Fabio. **Digital Platforms and Global Law**. Reino Unido: Edward Elgar Publishing Limited, 2021.

CHEN, I-Ching. **Government Internet Censorship Measures and International Law.** Alemanha: Lit Verlag, 2020.

COUNCIL OF EUROPE. **Convention on Cybercrime**. Disponível em: https://www.coe.int/en/web/cybercrime/the-budapest-convention .

DELERUE, François. **Cyber Operations and International Law.** Reino Unido: Cambridge University Press, 2020.

FREIRE E ALMEIDA, Daniel. **A Tributação do Comércio Electrónico nos Estados Unidos da América e na União Europeia**. Coimbra: Faculdade de Direito da Universidade de Coimbra, 2002.

FREIRE E ALMEIDA, Daniel. **An International Tribunal for the Internet**. São Paulo: Almedina, 2015.

FREIRE E ALMEIDA, Daniel. **The Taxation of Electronic Commerce in the United States of America and in the European Union**. São Paulo: Almedina, 2015.

FREIRE E ALMEIDA, Daniel. **Um Tribunal Internacional para a Internet.** São Paulo: Almedina, 2015

FREIRE E ALMEIDA, Daniel. **Um Tribunal Internacional para a Internet**. Tese de doutoramento apresentada à Faculdade de Direito da Universidade de Coimbra, em Portugal. Disponível em: https://estudogeral.uc.pt/handle/10316/19899 . Coimbra: 2012.

FREIRE E ALMEIDA, Daniel; SCRIPTORE, Verônica. **An International Tribunal for the Global e-commerce**. In: Daniel Freire e Almeida; Verônica Scriptore. (Org.). O E-Commerce Global e o Direito Internacional na Internet. New York: Lawinter Editions, 2020, v. 1, p. 201-246.

GOOGLE. Sobre. Disponível em: https://about.google/?utm_source=google-BR&utm_medium=referral&utm_campaign=hp-footer&fg=1.

GRABOWSKI, Mark; ROBINSON, Eric P.. ***Cyber Law and Ethics: Regulation of the Connected World***. Reino Unido: Taylor & Francis, 2021.

HÖRNLE, Julia. **Internet Jurisdiction Law and Practice**. Reino Unido: Oxford University Press, 2021.

Internet Rights & Principles. 10 Internet Rights & Principles. Disponível em: https://internetrightsandprinciples.org/.

INTERNET WORLD STATS. World Internet Usage and Population Statistics. Disponível em: https://www.internetworldstats.com/stats.htm.

MARKOU, Christiana; JOUGLEUX, Philippe; SYNODINOU, Tatiana-Eleni; PRASTITOU, Thalia. **EU Internet Law in the Digital Era: Regulation and Enforcement**. Alemanha, Springer International Publishing, 2019.

NANXIANG, Sun. **Internet Regulation and the International Trade Regime**. N.p., Taylor & Francis Group, 2022.

ORGANIZAÇÃO DAS NAÇÕES UNIDAS. Entrevista: Brasileiro defende Tribunal para a internet. Disponível em: https://news.un.org/pt/story/2012/08/1411851-entrevista-brasileiro-defende-tribunal-para-internet . New York: 2012.

REGULATION (EU) 2016/679 OF THE EUROPEAN PARLIAMENT AND OF THE COUNCIL on the protection of natural persons with regard to the processing of personal data and on the free movement of such data. Disponível em: https://eur-lex.europa.eu/legal-content/EN/TXT/HTML/?uri=CELEX:32016R0679&from=PT .

RUSTAD, Michael. **Global Internet Law in a Nutshell**. Estados Unidos: West Academic Publishing, 2019.

SHACKELFORD, Scott J.. **Governing New Frontiers in the Information Age: Toward Cyber Peace**. Índia: Cambridge University Press, 2020.

STATISTA. Global social networks ranked by number of users 2023. Disponível em: https://www.statista.com/statistics/272014/global-social-networks-ranked-by-number-of-users/ .

SVANTESSON, Dan Jerker B.. **Private International Law and the Internet.** Países Baixos: Wolters Kluwer, 2021.

THE COURT OF JUSTICE OF THE EUROPEAN UNION. Judgment of the Court (Grand Chamber). Case C507/17. 24 September 2019. Google LLC v Commission nationale de l'informatique et des libertés (CNIL). Disponível em: https://eur-lex.europa.eu/legal-content/EN/TXT/?uri=CELEX%3A62017CJ0507 .

US DEPARTMENT OF STATE. **Declaration for the Future of the Internet. 2022**. Disponível em: https://www.state.gov/declaration-for-the-future-of-the-internet .

WAGNER, Abraham R.; ROSTOW, Nicholas. **Cybersecurity and Cyberlaw**. Estados Unidos: Carolina Academic Press, 2020.

WEBER, Rolf H. **Internet Governance at the Point of No Return.** Suíça: EIZ Publishing, 2021.

WEBER, Rolf H. **Regulatory Models for the Online World.** Países Baixos: Brill, 2021.

5.

GOVERNANÇA GLOBAL SUBNACIONAL E PARADIPLOMACIA

Gilberto Marcos Antonio Rodrigues
Alice Heil de Borba

Introdução

A governança global inclui em sua essência conceitual e prática os entes e entidades subnacionais. Dentro desse amplo escopo do universo subnacional, cabe destacar os entes governamentais subnacionais, cuja manifestação e desenho institucional é bastante diverso no mundo, não obstante estarem localizados em duas grandes categorias: regiões, estados, províncias ou departamentos; cidades e entes locais.

Na condição de atores políticos com autonomia, em sua maioria amparada em legitimidade popular (com governos eleitos pelo voto), regiões e cidades atuam nas relações internacionais de forma cada vez mais progressiva e articulada. Conhecido e denominado globalmente como paradiplomacia (VIGEVANI et al, 2004; TAVARES, 2019; RODRIGUES, 2021), mas igualmente chamado de cooperação descentralizada, o fenômeno das relações internacionais subnacionais está bem analisado e documentado pela literatura internacional de diversos campos de conhecimento, incluindo Relações Internacionais, Ciência Política, Políticas Públicas e Política Comparada[1].

Essa atuação que se espraia por diversos assuntos da agenda internacional – das questões ambientais e climáticas à atração de investimentos, comércio e gestão migratória – transita em uma margem considerável entre a cooperação e o conflito em suas relações com os Estados nacionais que detém a soberania, no modelo vestaliano prevalecente ainda hoje nas relações internacionais.

1 De acordo com Noe Cornago, "[...] Beyond its instrumental value, paradiplomacy is always a form of political agency that facilitates the representation of collective identities at a global scale, expressing generally a will of greater political autonomy [...]". Paradiplomacy and Protodiplomacy, *The Encyclopedia of Diplomacy*, 2018.

Embora as ações internacionais de entes/governos subnacionais constituam uma realidade visível e reconhecida pelos Estados e pelas organizações internacionais, facilitada e incentivada pelas mudanças das relações internacionais no período pós-Guerra Fria – portanto, há mais de 30 anos – não há uma regulação internacional global sobre essa atuação. Em tal âmbito, o Direito Internacional reconhece a paradiplomacia (e a cooperação descentralizada) em duas situações: 1. Quando por vontade própria os Estados nacionais preveem e autorizam espaço de atuação internacional aos seus entes subnacionais (por via de arranjos constitucionais ou legais ou por práticas reconhecidas, a exemplo de diversos países federais, como Alemanha, Áustria, Canadá, EUA, Suíça etc.); 2. Quando as organizações intergovernamentais e os processos de integração regional reconhecem essa atuação por via de conselhos, comitês e foros multilaterais e regionais de regiões e cidades (com destaque para o Comitê das Regiões da União Europeia).

Tendo em vista a inexistência de regulação global da paradiplomacia *vis-à-vis* de sua crescente manifestação e afirmação, o problema central deste capítulo é refletir de que forma a governança global subnacional por meio da paradiplomacia (e da cooperação descentralizada) integra o emergente Direito Global. A hipótese aqui lançada é que as práticas paradiplomáticas existentes, sobretudo no âmbito das organizações internacionais, estabelecem alguns desenhos de "acomodação regulatória", em que a paradiplomacia é reconhecida como parte inseparável da governança regional e local na implementação de políticas públicas globais (como a ONU Habitat, a implementação dos Objetivos de Desenvolvimento Sustentável-ODS e a política global de proteção de migrantes forçados do ACNUR, entre outras) integrando, assim, a governança global.

Para realizar a análise e a reflexão sobre a governança global subnacional e paradiplomacia, o capítulo está dividido em quatro partes: Na primeira, discute-se a governança global, as entidades subnacionais e a paradiplomacia; na segunda parte, são analisados os debates e desenhos nacionais de regulação e incentivo à paradiplomacia em nível nacional, com ênfase no caso brasileiro; na terceira parte, discute-se o papel das redes na governança global e regionais; na quarta e última parte, aplica-se o método SWOT para avaliar fortalezas, debilidades, riscos e ameaças em relação a um possível avanço regulatório global da paradiplomacia; o capítulo finaliza com conclusões.

1. Governança Global, entidades subnacionais e paradiplomacia

1.1. A política internacional, a governança global e a paradiplomacia

O debate teórico sobre as ações internacionais de entes subnacionais se confunde com o debate mais amplo sobre os novos atores das relações internacionais no curso dos anos de 1970, especialmente no ambiente acadêmico estadunidense em que o até então predominante realismo político passa a ser questionado e desafiado pelo liberalismo e por outras correntes teóricas emergentes. O debate sobre a interdependência complexa coloca os entes subnacionais como atores internacionais com papeis reconhecidos e definidos em temas como relações fronteiriças, meio ambiente e migração.

A partir desse debate, que não se confina à Ciência Política de matriz estadunidense, mas se amplia para a Política Comparada e os estudos sobre federalismo, a paradiplomacia ganha seu espaço como nova categoria de análise das relações internacionais de entes subnacionais – com especial ênfase aos governos subnacionais. O desenvolvimento da paradiplomacia enquanto fenômeno com motivações políticas, econômicas e culturais (Keating, 2004) coincide com a emergência do debate sobre governança global nos anos de 1980 e 1990 (COSTA; GONÇALVES, 2011).

Em dois momentos importantes, o sistema da ONU contribui para reconhecer conceitualmente a legitimidade e o papel dos entes subnacionais na governança global. No relatório da Comissão sobre Governança Global (*Nossa Vizinhança Global*), publicado em 1995, a Comissão menciona o princípio da subsidiariedade em dois pontos: quando se refere ao conceito de governança, afirmando que "[...] em alguns casos, haverá margem para princípios como o da subsidiariedade, por meio do qual decisões são tomadas tão próximas quanto possível dos níveis locais em que elas terão que ser efetivamente implementadas."[2] E quando indica que "[...] o conceito de subsidiariedade, debatido vigorosamente na Europa, oferece um modelo de alocação de responsabilidades entre instituições de governança global, regional, nacional e local de uma forma eficiente."[3]

Após dez anos da publicação do Relatório sobre Governança Global, o Painel de Notáveis da ONU sobre as Relações Nações Unidas-Sociedade Civil, presidido pelo ex-presidente Fernando Henrique Cardoso, apresentou seu relatório em junho de 2004 – *We the peoples: civil society, the United Nations and Global Governance*. Embora o documento tenha como foco as relações entre a sociedade civil e a ONU, um de seus pontos reconhece [...] as contribuições especiais das

2 *Our Global Neighborhood*, 1995, p.5.
3 *Our Global Neighborhood*, 1995, p. 151.

autoridades locais [...]". Nesta parte o documento reforça a crescente presença de autoridades locais no sistema da ONU, em particular de governos das cidades, nos debates e órgãos sobre sustentabilidade e assentamentos humanos. Como proposta concreta, o relatório recomenda que "A Assembleia Geral deve debater uma resolução para afirmar e respeitar a autonomia local como um princípio universal"[4] (UN, 2004).

Outro aspecto discutido e recomendado no documento é a participação de autoridades locais no multilateralismo da ONU. O relatório propõe que uma unidade de ligação da ONU com autoridades locais possa manter-se conectada com associações internacionais de autoridades locais e recomenda que a Secretaria Geral da ONU encoraje as várias agências do sistema a manter contatos diretos com autoridades locais em seus escritórios de campo[5] (UN, 2004, p. 52). Trata-se de um salto relevante no reconhecimento das entidades subnacionais como atores da agenda global.

Cabe dizer que ambos os documentos trazem diagnósticos e recomendações de alcance global, porém não são instrumentos vinculantes nem se pode dizer que sejam *soft law*, pois não trazem nenhum tipo de compromisso assumido pelos Estados membros da ONU a eles. São insumos produzidos pela Secretaria Geral da ONU para fazer avançar o debate sobre governança global e o *aggiornamento* do sistema da ONU diante das mudanças globais em vários campos.

Vale sublinhar que no âmbito multilateral, no sistema ONU, a palavra-chave é cooperação internacional (princípio fundante das organizações intergovernamentais e da própria ONU), e a partir dela derivam suas variações, incluindo a cooperação descentralizada. Não se menciona, ou se adota, a expressão paradiplomacia, não obstante seja ela conhecida e reconhecida por diplomatas e funcionários dos diversos organismos internacionais.

1.2. O Direito Internacional, a governança global e a paradiplomacia

Os dois principais pilares do Direito Internacional Público – as relações diplomáticas e consulares e o direito dos tratados – são de domínio reservado dos Estados nacionais. As respectivas Convenções de Viena que embasam tais pilares (Relações Diplomáticas, 1961, Relações Consulares, 1963; Direito dos Tratados, 1969) não contemplam entes subnacionais.

---

4 " *Proposal 17 - The General Assembly should debate a resolution affirming and respecting local autonomy as a universal principle*". UN, 2004, p. 51.

5 "*Proposal 18 The Elected Representatives Liaison Unit (see proposal 16) should liaise with local authorities and their new world association and disseminate lessons of good practice. The United Nations should regard United Cities and Local Governments as an advisory body on governance matters. The Secretary-General should require United Nations bodies with a national presence to build close contacts with local authorities and their national and regional associations. Specifically, resident coordinators should interact regularly with local authorities to inform them of United Nations programmes and processes and to encourage partnerships with them*". UN, 2004, p. 52.

O assunto tampouco foi objeto da Comissão de Direito Internacional (CDI) da ONU, com sede em Genebra, cuja missão é contribuir para a codificação e o desenvolvimento progressivo do Direito Internacional. Indiretamente, a CDI tratou do tema quando discutiu o projeto sobre Responsabilidade dos Estados, cujo texto prevê a responsabilidade direta do Estado nacional por seus entes subnacionais, salvo que haja expressa disposição em sentido diverso. Neste caso, é clara a centralidade do Estado nacional para assumir como regra a responsabilidade internacional.

No campo da jurisprudência internacional da Corte Internacional de Justiça, não há notícia sobre questões julgadas envolvendo a paradiplomacia e a cooperação descentralizada. Não obstante, o artigo 38 da CIJ, que remete às fontes do Direito Internacional hábeis a orientar os juízes em seus julgamentos, indica as decisões dos tribunais superiores como fonte subsidiária da Corte. Isso significa que decisões de supremas cortes dos países constituem fonte secundária para o Direito Internacional.

Em tal sentido, vale sublinhar que há decisões de cortes nacionais que tratam sobre ações internacionais de entes subnacionais. Vale citar a aqui uma das mais conhecidas e paradigmáticas, o caso Crosby vs. *National Foreign Trade Council* julgado pela Suprema Corte dos EUA. Neste caso, decido em 2000, a Suprema Corte declarou inconstitucional uma lei do estado de Massachussetts que estabeleceu sanções contra empresas que realizavam negócios com produtos de Mianmar (Burma), devido às violações de direitos humanos naquele país. A Suprema Corte determinou a supremacia da Constituição Federal e a prevalência do Presidente na condução da política externa com outros Estados. Nesse caso, um ato do poder legislativo do estado federado produziu uma ação internacional que adentrou a seara exclusiva de competência da União e do Executivo Federal.

Se a regulação jurídica da paradiplomacia no Direito Internacional não avançou, nem há indicações visíveis desse movimento, autoridades locais e cidades são citados e incorporados em documentos centrais da governança global, como o Acordo de Paris de 2015 e os Objetivos do Desenvolvimento Sustentável-ODS e sua Agenda 2030[6].

Cabe ainda fazer a seguinte reflexão: a teoria e a prática da paradiplomacia dos governos subnacionais não diferencia as regiões, estados federados, províncias e departamentos das cidades. A utilização da categoria "autoridades locais" não discrimina as cidades de outros entes subnacionais maiores. Entretanto, na perspectiva da política internacional, as cidades são muito mais numerosas e articuladas em redes globais e regionais e sua participação nas

---

6 O Projeto Al-Las indica *Tres opciones para el Derecho Internacional* visando uma possível regulação global das ações internacionais de entes locais: 1. Um Direito Local Internacional, específico; 2. Um possível Direito Internacional ampliado para além dos Estados nacionais, abarcando os demais atores; 3. Uma possível tutela dos governos locais pelos governos nacionais, para acomodar as ações internacionais subnacionais (modelo que se aproxima mais da situação atual). Al-Las. *Marco Legal e Institucional para la Acción Internacional de las ciudades*, 2013, p. 43-49.

esferas internacionais não gera, ou gera menos, resistência por parte dos Estados nacionais (em razão da ameaça percebida de separatismo ou secessão). Na literatura sobre cidades, interdisciplinar, há um intenso debate que inclui o crescimento da urbanização e as cidades globais (Sassen, 1990). Além disso, há muitas políticas e programas do sistema da ONU voltados às cidades (haja vista o ODS 11 – Cidades Inclusivas). Uma regulação específica para a governança global das cidades – a partir do princípio da progressividade – poderia ser uma alternativa para fazer avançar, por partes, a regulação paradiplomática no Direito Global.

1.3. Organizações internacionais: governança global e regional e acomodação institucional da paradiplomacia

Nas duas esferas de governança internacional – a global e a regional – as organizações internacionais tem realizado uma progressiva acomodação das entidades subnacionais em suas atividades – eventos, conferências, reuniões, comissões, comitês e processos de consulta. Em pesquisa realizada por Acuto *et al* (2020), foram identificados ao menos 1.246 registros de reconhecimento "urbano" em 32 órgãos da ONU, desde 1972. Trata-se de dado revelador que corrobora a vasta penetração dos governos subnacionais – em especial as cidades – na teia da governança global.

No sistema da ONU, o organismo com maior grau de articulação com as cidades e regiões é a ONU Habitat, que trata dos assentamentos humanos e da agenda urbana. Em 1990 foi criado o Comitê Assessor de Autoridades Locais da ONU (Unacla, na sigla em inglês), junto à ONU Habitat, o qual constitui o mais importante mecanismo de participação de autoridades locais até o momento (RODRIGUES, 2021). As duas principais agendas de mobilização paradiplomática envolvendo organizações em nível global são a ambiental (REY, 2019) e a urbana (SANTOMAURO, 2017).

Em outras agências da ONU, como o Banco Mundial (com seu Programa *Cities Alliance*), a Unesco (com os processos de reconhecimento de sítios de Patrimônio da Humanidade que envolvem diretamente as cidades), com o ACNUR (com os programas de acolhimento de pessoas refugiadas em nível local), além do PNUD e dos ODS, é evidente um movimento progressivo de envolvimento direto de autoridades locais, na formulação de políticas (em menor intensidade) e na implementação de políticas (em maior intensidade).

Na OCDE, que reúne o conjunto dos países desenvolvidos e alguns países emergentes (México, Chile, por exemplo), os governos subnacionais são parte integrante das políticas internacionais formuladas e recomendadas para os seus membros, dentro de uma premissa de governança multinível, em que atores globais e atores locais são parte de um mesmo processo de implementação e gestão de políticas.

Em processos de cooperação de geometria variável, semi-institucionalizada, como os BRICS (África do Sul, Brasil, China, Índia e Rússia), a governança multinível já é adotada, revelando que mesmo em países com regimes políticos de tradição e desenho não-Ocidental, os governos subnacionais assumem novos espaços como atores internacionais (STEYTLER, 2018).

Nos âmbitos regionais, observa-se um grau maior de institucionalidade para a atuação de governos subnacionais nos processos de integração regional e sub-regional. O caso do Comitê das Regiões da União Europeia, criado pelo Tratado de Maastricht de 1992, com sede em Bruxelas, é o mais importante e abrangente em termos de incidência subnacional nas políticas comunitárias (MANGAS MARTÍN; LIÑÁN NOGUERAS, 2015). No âmbito do Mercosul, o Foro Consultivo de Municípios, Estados, Províncias e Departamentos do Mercosul, criado pela Decisão n. 41/2004 do Conselho Mercado Comum, e instalado na Cúpula do Mercosul de 2007, no Rio de Janeiro, passa a atuar como instância consultiva do Grupo Mercado Comum, envolvendo entidades subnacionais dos países do bloco (KLEIMAN, 2010).

2. Os debates e desenhos nacionais de regulação legal da paradiplomacia

2.1. Constitucionalizar ou não constitucionalizar a paradiplomacia?

Para a maior parte dos países europeus, o debate sobre a constitucionalização da paradiplomacia não faz sentido, por que suas constituições já preveem mecanismos de relacionamento internacional – casos da Alemanha, Áustria e Suíça; onde o debate nacional sobre esse tema existe, ele não é isolado de um debate mais amplo sobre devolução de competências e ampliação de autonomias regionais, envolvendo identidades socioculturais e linguísticas, como nos casos da Espanha e da Bélgica. Nos países de tradição jurídica da *common law*, o tema é abordado de outra forma, em geral mais política, e à margem de reformas constitucionais.

No caso da América Latina, pode-se divisar duas experiências distintas no campo jurídico. A experiência Argentina, em que uma reforma constitucional em 1994 (durante os anos de governo de Carlos Menem), incluíram a cláusula paradiplomática de autorização às províncias e à capital federal de firmar convênios internacionais. Porém, o artigo 124 da Constituição argentina tem redação ambígua, ao dizer que o Congresso da Nação deverá ser informado sobre essas tratativas. Ocorre que em sede de interpretação, o governo federal entende que a informação deve ser prévia, enquanto as províncias defendem ser posterior. A questão passa pela preservação da centralidade e controle da política externa, por um lado, e pela garantia do princípio da autonomia provincial por outro lado, razão pela qual esse artigo da constituição argentina não logrou ser regulamentado até o momento.

No Brasil, o tema teve percurso diverso. Em 1995 (No início do governo de Fernando Henrique Cardoso), o Itamaraty cria a Assessoria de Relações Federativas-ARF, que atua junto com seus escritórios regionais do MRE nos estados e a Agência Brasileira de Cooperação. Por via dessa estrutura, a chancelaria passa a apoiar a diplomacia federativa num movimento brando de acompanhamento e assessoramento das tratativas internacionais subnacionais. Essa relativa harmonia de interesses não impede que em 2005 seja apresentada pelo deputado federal André Costa (PDT) – diplomata de carreira – uma Proposta de Emenda Constitucional (PEC) à Câmara dos Deputados, visando incluir a cláusula diplomática na Constituição Federal. A redação proposta, no entanto, cravou a necessidade de autorização da União para as atividades internacionais subnacionais, fato que impediu a PEC de avançar para além do parecer de constitucionalidade, que considerou que o texto violava o princípio da autonomia dos entes federativos, levando a PEC para o arquivamento. Em 2006, projeto de lei do senador Antero Paes de Barros, visando regular a cooperação internacional de forma ampla (incluindo a cooperação descentralizada) enfrentou diversos percalços no Senado e também foi arquivado.

Embora haja opiniões divergentes de especialistas brasileiros sobre a necessidade ou não de constitucionalizar a paradiplomacia (RODRIGUES, 2011; BARROS, 2010), o debate sobre a constitucionalização da paradiplomacia no Brasil não avançou além desses dois projetos ao tempo em que a paradiplomacia seguiu ativa em estados e municípios[7], entrando em fase de normalização (SALOMÓN, 2017), sem impedimentos legais[8].

2.1. a) O exercício das competências comuns e concorrentes

Não se pode pensar sobre uma regulação global da paradiplomacia sem se atentar para o fato de que os regimes legais nacionais se organizam por meio de estruturas descentralizadas, onde as constituições definem competências exclusivas e comuns, legislativas e executivas. Esses intrincados sistemas de distribuição de competências conferem autonomia e atribuições para entes subnacionais na formulação, desenho e implementação de políticas públicas na maior parte dos países (STEYTLER, 2017).

As competências concorrentes e comuns indicam que tanto o governo central (União em países federais) quanto estados, províncias e regiões podem e

7 Cabe registrar que muitas autoridades estaduais e municipais preferem que não haja regulação com receio de que a cooperação descentralizada se torne engessada por eventuais exigências e controles da União.

8 Entre 2015 e 2016, o governo de Dilma Rousseff, por meio da Subchefia de Assuntos Federativos-SAF, organizou uma série de reuniões e consultas para subsidiar, de forma participativa, a elaboração de um decreto de regulação da cooperação descentralizada. Embora as discussões tenham avançado com estados federados e municípios, a interrupção do governo de Dilma com seu afastamento pelo Congresso colocou a perder essa oportunidade, e o assunto não teve seguimento desde então (Rodrigues, 2021).

devem atuar em igualdade de condições e responsabilidades na consecução de políticas como educação, saúde, habitação, assistência social etc. Dessa autonomia regional e/ou local para atuar em paralelo ao governo central (tendo como premissa que o princípio da cooperação federativa prevaleça no caso das federações), deriva a legitimidade de atuação paradiplomática nesses temas, em que a própria constituição autorizou e determinou que o ente subnacional pode e deve atuar.

2.1. b) Arranjos interestatais com previsão de cooperação descentralizada

Além da autonomia que estados federados, municípios e Distrito Federal dispõem para atuar internacionalmente no âmbito das competências comuns e concorrentes, há outras margens de atuação internacional subnacional coordenadas pela União. São os acordos internacionais bilaterais e multilaterais, em que existe previsão expressa da participação de governos subnacionais dos Estados membros, em esquemas de governo multi-nível, envolvendo cooperação internacional descentralizada. No Brasil, há acordos bilaterais com a França, a Itália e os EUA, com essa previsão, além da parceria com os BRICS, onde se criou um Fórum de Regiões[9]. Nesses arranjos, a cooperação descentralizada se ampara no princípio da descentralização (Subsidiaridade na UE).

2.2. Relações intergovernamentais: as redes e fóruns nacionais horizontais

Entre os próprios governos subnacionais, existem associações e fóruns que promovem as relações horizontais entre seus membros e atuam no diálogo e cooperação vertical com outros entes no Brasil e com outras redes internacionais regionais e globais.

2.2. a) As associações nacionais de municípios

Há um forte movimento municipalista no Brasil, que ganhou mais força com a Constituição Federal de 1988, a qual reconheceu o município como ente federativo. O país tem três associações nacionais de municípios: a Associação Brasileira de Municípios-ABM, a Confederação Nacional de Municípios-CNM e a Frente Nacional de Prefeitos-FNP. A partir da década de 1990, essas associações passaram a atuar em redes internacionais visando apoiar tratativas de municípios em ações internacionais subnacionais.

9 Na prática da cooperação descentralizada, tais acordos que dependem da coordenação da União carecem de dinamismo e tem oferecidos poucas oportunidades para a interação com os governos subnacionais.

2.2. b) Fórum de Gestores e Secretários Municipais de Relações Internacionais – Fonari

O I Fórum de Gestores e Secretários Municipais de Relações Internacionais nasceu de uma reunião organizada pela Prefeitura de Salvador, Bahia, em 2005. Dali, as reuniões tornaram-se anuais e, em 2009, o Fórum foi formalizado como ente autônomo com a sigla Fonari. Cerca de 40 cidades integram o Fonari, cuja atuação também se conecta com as redes internacionais de cidades e o FCCR do Mercosul (RODRIGUES, 2021).

2.2. c) Fórum Nacional de Gestores Estaduais de Relações Internacionais – Fórum RI27

O Fórum Nacional de Gestores Estaduais de Relações Internacionais (Fórum RI 27) nasceu por iniciativa do governo de Santa Catarina, em 2015. O Fórum resultou na criação da primeira rede de estados brasileiros para debater e compartilhar atividades paradiplomáticas e cooperação descentralizada. Assim, o I Fórum Nacional de Gestores de Relações Internacionais (Fórum RI 27) reuniu representantes de 9 estados mais o Distrito Federal: Bahia, Goiás, Mato Grosso, Rio de Janeiro, Roraima, São Paulo, Pará, Minas Gerais e Santa Catarina (FÓRUM 27, 2016; HEIL DE BORBA, 2018) e resultou na Carta de Florianópolis, o primeiro documento que congregou representantes dos estados brasileiros ao tema da paradiplomacia, por meio do Fórum Nacional de Gestores de Relações Internacionais - Fórum RI 27 – o número 27 representa todos governos estaduais mais o Distrito Federal. Seu primeiro objetivo era dinamizar o relacionamento entre os entes federados (FÓRUM RI 27, 2017). Entre 2016 e 2018, o Fórum realizou seis reuniões e outros estados – Acre, Amapá, Rio Grande do Sul, Rio Grande do Norte, Maranhão, Amazonas e Paraíba – aderiram. Em 2019, houve apenas uma reunião para formalizar a transição da diretoria do Fórum. Após esse período, tornou-se "inativo" e não há registros de atividades em suas páginas oficiais desde então.

3. As redes globais e regionais de cidades e de regiões

A governança global subnacional é exercida em grande medida pelas redes globais e regionais de cidades e regiões. Essas redes atuam em diferentes níveis e temas, e constituem hoje o principal instrumento da paradiplomacia em sua vertente multilateral. Sua base legal é associativa, de acordo com a lei de um país que funciona como sede, e seu financiamento permanente se dá por cotar anuais pagas pelos membros, e por financiamento de projetos por agências da ONU, da UE e de outras organizações.

3.1. Redes globais

Há um significativo conjunto de redes globais de cidades e regiões (há redes que misturam e outras que separam cidades e regiões). A Cidades e Governos Locais Unidos (CGLU), com sede em Barcelona, é maior e mais abrangente rede global, surgida em 2004, após a fusão de duas outras redes internacionais. A CGLU coordena a Unacla (mecanismo consultivo de autoridades locais da ONU Habitat). Também com sede em Barcelona, a Rede Metropolis congrega cidades grandes. No campo ambiental, há importantes e influentes redes, como a C40 +, com sede em Nova York, que atua na agenda de mudança climática, e o ICLEI, com sede em Bonn, com uma agenda ampla de sustentabilidade.

3.2. Redes regionais

No âmbito regional, a Eurocidades na Europa, e a Mercocidades na América do Sul (CORRADI; GOMES, 2015) são dois exemplos de redes bastante ativas e que contribuem com a governança regional subnacional. No caso da Mercocidades, a tônica é a cooperação Sul-Sul, em esquemas de cooperação horizontal, envolvendo difusão, disseminação e transferência de políticas públicas (MATTIOLI; RODRIGUES, 2017).

4. Aplicando o método SWOT para a governança global subnacional, a paradiplomacia e sua regulação progressiva

Para debater e refletir sobre as possibilidades de regulação global da paradiplomacia, adotamos o conhecido método SWOT (*Strengths, Weaknesses, Opportunities, Threats*) usualmente aplicado em processos decisórios organizacionais, sobretudo em ambientes não-governamentais e no setor privado. Julgamos esse método adequado uma vez que, embora reconhecida e regulamentada em níveis nacionais e regionais, a paradiplomacia não goza de consenso internacional e não dispõe de apoio de um conjunto de países, tanto com regimes políticos de democracia de baixa intensidade quanto com democracias plenas, mas que nutrem graus variados de resistência e temor pelo risco da perda de controle de suas relações exteriores e/ou pela ameaça separatista que, na visão de autoridades desses países, pode ser fomentada pela paradiplomacia.

4.1. Fortalezas

As fortalezas da governança global subnacional e de sua regulação progressiva residem na previsibilidade e na segurança jurídica que tal regulação poderia conferir às ações e processos de cooperação global em que entes subnacionais tem um papel importante ou mesmo central na formulação e implementação de políticas públicas globais. As temáticas do meio ambiente e da migração forçada constituem dois exemplos em que essa regulação seria muito benéfica para a obtenção de sinergia legal e alcance otimizado de resultados. Há atores estatais nacionais e subnacionais, tanto individuais quanto coletivos, que apoiariam uma regulação progressiva em temas centrais da agenda global, como os mencionados. Além disso, um marco legal global para ações subnacionais tem o poder de afastar suspeitas de que entidades subnacionais agem globalmente por interesses próprios e egoístas, à margem da política externa, pondo em risco a unicidade da política externa e a própria unidade de países.

4.2. Debilidades

Toda regulação geral tem o potencial de criar limites e regressividade em ações internacionais subnacionais que hoje se desenvolvem de forma legítima e livre de amarras legais internacionais. Regular pode significar limitar. Considerando que o sistema multilateral é majoritariamente dominado pelos Estados nacionais, onde o poder decisório reside nos votos das representações nacionais, seria ilusório pensar que os entes subnacionais, e suas representações em redes globais e regionais, teriam suficiente poder para influenciar um marco regulatório que atendesse seus interesses e mantivesse suas prerrogativas autonômicas. Uma regulação criada de forma muito genérica poderia servir para agregar mais legitimidade global à governança pela via a subnacional, mas manteria um grau elevado de incerteza em relação às ações internacionais subnacionais.

4.3. Oportunidades

O cenário atual indica uma janela de oportunidade para que se possa ampliar e aprofundar a governança global subnacional, com um maior reconhecimento da paradiplomacia e de sua regulação global. O grande desafio do combate ao aquecimento global e suas consequências para as localidades coloca estados nacionais e entes subnacionais em um mesmo patamar de preocupação e engajamento. Considerando que nem sempre os governos nacionais aderem ou se engajam na agenda climática, por razões políticas, econômicas e/ou ideológicas, os governos subnacionais podem fazer a diferença na governança global, ao terem reconhecida sua margem de manobra paradiplomática para a implementação de políticas de prevenção e de mitigação no campo climático. Essa lógica das oportunidades se aplica a outros âmbitos da proteção do meio ambiente e da sustentabilidade – como a biodiversidade – e a outros temas como a saúde global e as migrações forçadas.

4.4. Ameaças

O passo além do momento atual para avançar na regulação da governança global subnacional por meio da paradiplomacia enfrentaria resistências de países específicos, sobretudo pela percepção de ameaças que determinadas elites e burocracias estatais tem sobre o potencial de conflitos que o fenômeno paradiplomático pode encetar para a governabilidade e a unidade do território nacional. Se o pós-Guerra Fria ampliou as oportunidades para a governança global subnacional, como já dito, também gerou exemplos percebidos como negativos de divisão, separatismo e fragmentação de Estados. O estigma da fragmentação da ex-Iugoslávia e a independência do Kosovo povoam imaginários de políticos e diplomatas tementes das forças centrífugas. Os casos de separatismo do Quebec no Canadá, da Catalunha, na Espanha, e da Escócia, no Reino Unido, mesmo considerando todas as idiossincrasias que os envolvem, portanto de difícil replicação nas relações internacionais, são vistos como situações perigosas estimuladas pela paradiplomacia. Ainda na chave das ameaças, a possibilidade de uma paradiplomacia engajada contra o governo central, que se valha de mecanismos de oposição não-democrática, operando em lógica de desestabilização do governo central com apoio internacional para produzir mudança de regime (*regime change*) é um fator real que não pode ser descartado, e que já se viu ocorrer no passado (RODRIGUES, 2021).

Conclusões

O Direito Internacional não regula as relações internacionais de entes subnacionais, mas reconhece a vontade dos Estados em regular a atuação subnacional de seus próprios entes. A governança global subnacional está presente em diversos foros globais do sistema ONU e em outras organizações internacionais (OCDE) e arranjos inter-estatais de geometria variada (BRICS), propiciando a paradiplomacia e gerando "acomodação regulatória" em diversas agências que incorporam os atores subnacionais em suas agendas. Meio ambiente e urbanização potenciam mais participação subnacional em nível global. Processos de integração regional, que contribuem para a governança regional subnacional, institucionalizam a cooperação descentralizada criando marcos legais emergentes para a regulação paradiplomática. Nos âmbitos nacionais, com ou sem previsão constitucional, a paradiplomacia se desenvolve e ocupa espaços crescentes em redes de cidades e foros multilaterais. O método SWOT pode auxiliar para entender os possíveis cenários regulatórios da governança global subnacional e da paradiplomacia.

Referências

ACUTO, M.; KOSOVAC, A.; JONES, T. L. Acknowledging Urbanization: A Survey of the Role of Cities in UN Frameworks. *Global Policy*, V. 11, Issue 3, 293-304, May 2020, nlinelibrary.wiley.com/doi/10.1111/1758-5899.12783

Al-Las – Ciudades al Mundo. *Marco legal e institucional para la acción internacional de las ciudades*. Diagnostico y prospectiva euro-latinoamericana. Mexico: Mexico, DF/UNAM, 2013. https://proyectoallas.files.wordpress.com/2022/02/4e377-cuaderno-al-las-1.pdf

BARROS, M. A. *A atuação internacional dos governos subnacionais*. Belo Horizonte, Del Rey, 2010.

CORNAGO, Noe. Paradiplomacy and Protodiplomacy. *The Encyclopedia of Diplomacy*. May, 2018. Disponível em: https://onlinelibrary.wiley.com/doi/abs/10.1002/9781118885154.diplo211

CORRADI, R.; GOMES, J. F. (Org). *Paradiplomacia em movimento*: perspectivas em homenagem aos 20 anos de atuação da Rede Mercocidades. Porto Alegre, UniRitter, 2015

COSTA, J. A. F.; GONÇALVES, A. *Governança Global e Regimes Internacionais*. São Paulo: Almedina, 2011.

FONSECA, Marcela G. *Os entes federativos brasileiros frente ao Direito Internacional*. 2014. Tese (Doutorado em Relações Internacionais) – IRI/USP, São Paulo, 2014.

FORUM RI 27. Ata da 6ª Reunião do FÓRUM RI 27, 2018.

FORUM RI 27. Plano de Gestão 2015-2017, 2016.

FORUM RI 27. Relatório de gestão 2016–2018, 2017.

GOVERNO DE SANTA CATARINA. Carta de Florianópolis institui novo Fórum Nacional de Gestores e Assessores Estaduais de Relações Internacionais. (Site). Acesso em: 5 mai 2022. Disponível em: https://www.sc.gov.br/noticias/temas/desenvolvimento-economico/carta-de-florianopolis-institui-novo-forum-nacional-de-gestores-e-assessores-estaduais-de-relacoes-internacionais

HEIL DE BORBA, Alice Helena. As relações internacionais no Estado de Santa Catarina. Trabajos de Investigación en Paradiplomacia, Ano 10, No 1. Buenos Aires, Argentina, Julho 2021. ISSN: 1853-9939. Disponível em: https://paradiplomacia.org/revista/31072021234513 . Acesso em: 10 mai 2022.

JACOBI, P.; PERPÉTUO, R.O. Redes globais, agendas e ações de adaptação. IN: JCOBI, P.; TRANI, E. (Org.) *Planejando o Futuro Hoje*. ODS 13, São Paulo, IEE-USP, 2019, 52-55.

KEATON, Michael. Regiones y assuntos internacionales: motivos, oportunidades y estratégias. In: ALDECOA, F., KEATING, M. (eds.). *Paradiplomacia*: las relaciones internacionales de las regiones. Madrid, Marcial Pons, 2000, p. 11-28.

KLEIMAN, Alberto. A ação internacional dos governos locais e a cooperação federativa. In: JAKOBSEN, K. (Org.). *A nova política externa*. São Paulo, Perseu Abramo, 2010, p. 79-95.
MANGAS MARTÍN, A.; LIÑÁN NOGUERAS, D. *Instituciones y Derecho de la Unión Europea*. 8ª ed. Madrid: Tecnos, 2015.
MARCOVITCH, J.; DALLARI, P.(Org.). *Relações internacionais de âmbito subnacional*: a experiência de Estados e Municípios no Brasil. São Paulo, IRI/USP, 2014. Disponível em: http://www.livrosabertos.sibi.usp.br/portaldelivrosUSP/catalog/download/266/239/1062-1?inline=1
MATTIOLI, Thiago; RODRIGUES, Gilberto M. A. Paradiplomacy, security policies and city networks: the case of the Mercocities Citizen Security Thematic Unit. *Contexto Internacional*, v. 39, n. 3, (2017): 569-587. Disponível em: http://contextointernacional.iri.puc-rio.br/cgi/cgilua.exe/sys/start.htm?infoid=788&sid=129
MICHELMANN, Hans (ed.). *Foreign relations in federal countries*. Quebec, McGill Queen's University Press, 2009.
OUR GLOBAL NEIGHBOURHOOD. *The Report of the Commission on Global Governance*. New York, Oxford University Press, 1995.
REY, Fernando *et al* (Org). *Paradiplomacia ambiental – Environmental paradiplomacy*. Santos, Editora Universitária Leopoldianum, 2019.
RODRIGUES, Gilberto M. A. *Marco Jurídico para a Cooperação Internacional Descentralizada*: Um estudo sobre o Caso Brasileiro. Brasília, DF: Frente Nacional de Prefeitos-FNP, outubro de 2011.
_________.*Paradiplomacia*-Cidades e estados na cena global. São Paulo: Desatino, 2021.
SALA, Jose Blanes. *O município e as relações internacionais*: aspectos jurídicos. São Paulo, EDUC, 2009.
SALOMÓN, Mónica. A paradiplomacia no Brasil: da implantação à normalização. In: *Paradiplomacia do Estado do Rio de Janeiro – 2007-2017*: Teoria e Prática. Niterói, Imprensa Oficial do Estado do Rio de Janeiro, 2017, p. 21-35.
SANTOMAURO, Fernando. Os governos locais e um novo mundo possível. In: *Paradiplomacia do Estado do Rio de Janeiro – 2007-2017*: Teoria e Prática. Niterói, Imprensa Oficial do Estado do Rio de Janeiro, 2017, p. 37-51.
SASSEN, Saskia. *The Global City*: New York, London, Tokyo. New Jersey, Princeton University Press, 1991.
SECRETARIA EXECUTIVA DE ASSUNTOS INTERNACIONAIS. Relatório de gestão 2015. Florianópolis: 2016. 28 f.
STEYTLER, Nico (Ed.). *The BRICS Partnership*: Challenges and prospects for multilevel government. Johannesburg, Juta, 2018.
TAVARES, Rodrigo. *Paradiplomacy*. Oxford University Press, 2012.
VIGEVANI, Tullo; WANDERLEY, L. E. *et al.* (Org.). *A dimensão subnacional e as relações internacionais*. São Paulo, EDUC, 2004.

UN. "We the peoples: civil society, United Nations and global governance". *Report of the Panel of Eminent Persons on United Nations-Civil Society Relations*, A/58/817, https://documents-dds-ny.un.org/doc/UNDOC/GEN/N04/376/41/PDF/N0437641.pdf?OpenElement

UNITED STATES SUPREME COURT. *Crosby vs. National Foreign Trade Council*, No. 99-474, 2000, https://caselaw.findlaw.com/us-supreme-court/530/363.html

6.

Global Governance of Environmental Protection

Abbas Poorhashemi

Introduction

For several years, the discussion about global governance in environmental matters has taken an important place in academic research, legal studies and public debate. Globalization, mainly since the creation of the United Nations and its agencies, has led to global governance discussion. The concept of "global governance" raised the legal issues of the nature of international law by its main actors -sovereign states- without a central authority to regulate, implement and control its rules and regulations. These debates have accelerated the awareness by States and international organizations, including NGOs, that environmental issues have reached a situation to reform the structure and institutions of the global governance to protect the environment. Global environmental governance could be considered all procedures, policy instruments, mechanisms, rules, regulations and institutions that direct the processes of global environmental protection.

Global governance could also be a response to economic, social and ecological globalization characterized by the increased participation of civil society in world politics, including the growing relevance of knowledge and science for the global decision-making process. Based on this perspective, the concept of global environmental governance is inseparable from questions of sustainability, institutional effectiveness, intergeneration justice and environmental protection.[1]

This chapter aims to analyze and discuss the opportunities and challenges facing the global governance of environmental protection. In fact, the International community, including non-governmental organizations, intensified the

1 Biermann, F. *Global Governance and the Environment*. In: Betsill, M.M., Hochstetler, K., Stevis, D. (eds) Palgrave Advances in International Environmental Politics. Palgrave Advances. Palgrave Macmillan, London. https://doi.org/10.1057/9780230518391_9. 2006, P 237.

discussions about environmental protection as a human rights and globalized matter. This awareness comes from new concepts that contributed to the media coverage and dissemination of environmental problems on a global scale and made it possible to show them actual public policy and global issues since the 1960s and 1970s.

The international mobilization for environmental protection was a fruit of the collective awareness of the finiteness of our natural resources and the impact of humans on their natural environment and its degradation. In this context, the emergence of environmental law in the 1970s was based on the fact that the scientists and ecologists warned that the degradation of the environment in numerous areas such as ozone, climate change, biodiversity would affect human life. As a result, the United Nations Conference on the Human Environment was held in Stockholm in 1972 in order to promote, manage and better coordinate approaches related to the global governance of environmental problems.

Following the Stockholm Declaration of 1972, the United Nations Environment Programme (UNEP) was created as the pillar of international environmental governance. UNEP headquarters in Nairobi, Kenya, aims to coordinate the activities of the United Nations in the field of the environment and assist countries in implementing environmental laws and policies. This initiative encourages States to establish national administrations dedicated to protecting and improving the environment. Consequently, we could observe a proliferation of ministers of the environment worldwide. Such ministers thus facilitate the institutionalization of environmental issues within national systems.

However, from the 1980s, UNEP was criticized and challenged for its limited role in protecting the global environment. With the political opposition of particular States and the adoption of the concept of "sustainable development" as the primary purpose of the UN, the creation of the United Nations Development Programme (UNDP) for helping and assisting states to eliminate poverty and achieve sustainable economic growth and human development in the world. The UNEP faces numerous challenges and limitations to perform its functions in this context.

1. Importance of the global governance for environmental protection

Developing and implementing international environmental laws and policies require a global governance system. Global governance makes it possible to manage environmental issues at global, regional and local levels, monitoring governmental obligations and commitments and helping public participation and decision-making. Therefore, global governance has a crucial role in environmental management, control and monitoring worldwide.

In the absence of a global environmental organization, the institutional challenge landscape will remain in this field of law. However, some minor, even micro-institutions, emerged for this purpose. Nevertheless, it is still necessary to avoid dispersion, gaps, duplication, lack of coordination and sometimes even sterile competition between these institutions.

On the contrary, cooperation between States and international organizations, including UNEP, is essential to ensure the implementation of international environmental law. However, this common-sense solution comes up against various resistances. Opposition from States, which fear that the institutions go too far and invoke the principle of the specialty of international organizations to block any international cooperation over which they risk losing control. Some States clearly stated that all cooperation must respect the individual mandates and the legally independent status of each convention.[2]

Environmental global governance requires the consideration of multiple factors, including political, social, and economic, in its function. This involves defining the place that global governance will occupy in worldwide environmental protection.

It is crucial to consider International organizations in terms of their functions. It means the nature of their contribution to the limits of their intervention, the decision-making process and the weight they will have and the nature of their relationship with other actors (civil society and decision-makers).

It is essential to specify the place, role and methods of intervention of States, International organizations, civil society actors in environmental governance. Legitimizing and perpetuating the international organizations themselves and the participation of civil society in its governance, it relies on the experiences that have already existed around the world in terms of multi-actor governance and to set up, from its creation, the mechanisms for evaluating the global governance.

Furthermore, the increase and multiplication of United Nations agencies and other international bodies dealing with environmental protection put in doubt the effectiveness and implementation of international environmental law. Moreover, the continual increase in the number of international bodies competent in ecological matters carries the risk of a reduction in the participation of States because their capacities are limited while the workload increases, and makes it necessary to establish or reinforce synergies between all these bodies. So, international environmental law's "effectiveness" and "implementation" remain other challenges arising from global governance.

Finally, global governance has gradually become a significant field of research in international environmental law. It analyses the degree of effectiveness of the current institutions dealing with environmental protection worldwide.

2 Sandrine Maljean-Dubois. Le renforcement du droit et de la gouvernance de l'environnement à l'échelle internationale Quelles sont les perspectives après le rejet du projet de Pacte mondial ?. Le renforcement du droit et de la gouvernance de l'environnement à l'échelle internationale. Quelles sont les perspectives après le rejet du projet de Pacte mondial ?, 2019.

Therefore, understanding and analyzing contemporary global governance is an essential prerequisite for any attempt to develop international environmental law. Based on interdisciplinary perspectives, some research discusses how international law fails to cope with the resonance of advanced in the global society and ecological systems. It focuses on the regulatory and institutional features of three interwoven functional regulatory regimes: energy, global finance and environmental protection. Some research clearly demonstrated the structural governance dysfunction at the national and international levels.[3]

2. The current governance system for environmental protection

Contemporary international environmental governance is referred to three main elements. First, the primary organization to set up a global plan and coordinate the various environmental laws and policies is the United Nations Environment Programme (UNEP). Since its creation in 1972, UNEP has raised global awareness, stressing the importance of environmental protection and sustainable use of natural resources. There was, therefore, a need to strengthen UNEP and its resource base.

The second system is the secretariats of multilateral environmental agreements (MEAs) at global or regional levels. The purpose of the MEAs is to control the implementation of environmental rules and regulations. Better application of MEAs' environmental commitments. The mechanisms for implementing the conventions and monitoring the commitments made by the States are crucial to protect the environment. MEAs have developed in recent years in a different areas. However, most of MEAs are not based on the sanction mechanism in the event of non-execution. In addition, they are not providing an accurate monitoring system to implement environmental agreements. These characteristics of MEAs explain the insufficient implementation of environmental rules and regulations.

In addition, International environmental law is made up of many treatises and texts that are not based on the same legal bodies. So, the implementation of standard rules regarding environmental responsibility goes beyond the traditional international liability of States.

Finally, the third system is based on the financial or technical means to support global environment protection. For instance, the institutions in charge of development, such as UNDP and the World Bank, integrated environmental protection into their strategies and plans. In this perspective, the environment is alongside the economy and social cohesion is considered one of the pillars

---

3 Cardesa-Salzmann, A., & Cocciolo, E. *Global Governance, Sustainability and the Earth System: Critical Reflections on the Role of Global Law*. Transnational Environmental Law, 8(3), 437-461. doi:10.1017/S2047102519000098, 2019.

of "sustainable development." As a result, the co-financing and collaboration make it possible to integrate the environment into projects carried out by these organizations, which are not specifically in charge of the environment.

Moreover, some international organizations such as the World Bank and GEF have gradually become involved in financing environmental projects by supporting the development of environmental policies or national sustainable development strategies, strengthening the institutions responsible for sustainable development in the national system and ensuring the complementarity between the fight against poverty and the preservation of the environment.

In addition, this system should be fonded in the Common But Differentiated Responsibilities Principle. This principle includes environmental protection, reducing poverty and encouraging sustainable development. [4] This principle was confirmed in the 1992 Rio Conference on Environment and Development. In 2000, Millennium Goals were adopted by the United Nations General Assembly and at the Earth Summit in Johannesburg in 2002.

As a result, solving these environmental problems requires the broadest possible multilateral cooperation since isolated actions by a state have a minor impact. But the definition of a cooperative approach is problematic because it is necessary to both set the objectives and settle redistributive issues whose stakes could have been ignored as long as the economic stakes of the MEAs remained limited. However, climate experience shows that this is no longer the case and that, on the contrary, the new environmental issues raise challenging questions of equity between developing and developed countries. Ideally, it would thus be necessary to have, at the global level, instruments that fall within the prerogatives of the government at the national level.[5]

Despite all the global efforts to develop international governance to protect the environment, environmental degradation has increased in recent years, including global warming, climate change, desertification, and deforestation. From this perspective, international environmental governance is currently subject to numerous criticisms. As a result, global governance is one of the sources of conflict between developed and developing countries.[6] Finally, the current global governance appears unbalanced and dysfunctional in protecting the environment. Therefore, strengthening and reforming the global environmental institutions is crucial for developing international environmental law.

---

4 Freire, D., Poorhashemi, A., & Saleme, E. R. (2021). Environmental Infringements Disputes Solutions In Brazil And Canada. Veredas do Direito: Direito Ambiental e Desenvolvimento Sustentável, 18(41).

5 Pierre Jacquet Jean, Pisani-Ferry Laurence, Tubiana France, Gouvernance mondiale : rapport de synthèse
Conseil d'analyse économique, Paris, Aubervilliers : La Documentation française, 2002

6 Khalatbari, Y., & Poorhashemi, A. (2019). "Environmental Damage": Challenges and opportunities in International Environmental Law. CIFILE Journal of International Law, 1(1), 21-28. DOI: 10.30489/CIFJ.2019.93906

3. The challenges facing global governance of environmental protection

The challenges and limitations of global governance are not limited to the problems encountered by UNEP. In fact, the structural and institutional challenge in the current world is one of the fundamental preoccupations of the development of international law. In other words, most international organizations, including the UN and the Security Council, are created after world war II. They are supposed to establish a global community based on equality between states, self-determination of nations, international cooperation, respect for human rights, environmental protection, and peaceful conflict resolution. However, today, these principles are transforming into unilateralism approaches in international relations, which will lead to geopolitical tensions and a threat to global peace and security.[7]

Since the creation of UNEP, States, international organizations, non-governmental organizations, civil society, companies and other communities around the world have been protecting the environment. The construction of this governance at national and international levels and with multiple actors showed the global mobilization to solve world environmental crises and challenges.

However, the mobilization of global environmental governance poses certain limitations and challenges, which have been the subject of discussions and negotiations for several decades between States and the international community. Indeed, the multiplication of actors, programs and institutions dealing with the environment with more than 3,500 multilateral and bilateral agreements and treaties on the environment leads to an overlap of institutions, norms and rules. In addition, the lack of coordination between the different environmental governance actors and the codification of international rules and regulations are considered critical issues for the development of international law.

Moreover, the inherent inability of this system of governance guided by UNEP to compel the actors is another challenge facing the global governance of international protection of the environment. It is important to note that UNEP is a just United Nations programme. It does not have the powers to make binding decisions to its member states or to those who would enable it to settle disputes or enforce the provisions of a treaty when they are violated.

In this context, it is clear that the current structure of the international organizations, including the UN and its agencies, cannot keep their promises to establish global peace and security, solve territorial conflicts, protect the environment, support human rights and eliminate poverty the world.

---

7 Poorhashemi, A., (2020). Emergence of "International Environmental Law": as a new branch of International Public Law.". CIFILE Journal of International Law, 1(2), 33-39. DOI: 10.30489/cifj.2020.218985.1013

4. Reforming the global institutions

Due to non or malfunctioning of global governance to protect the environment, the international community tried to strengthen global environmental governance through discussions and negotiations to reform UNEP. In fact, from the 1990s, the international community tended to the creation of a United Nations Environment Organization (UNEO), with potentially expanded functions, coordination of activities cross-cutting and capacity-building in developing countries.

Since the 1992 Rio summit, international conferences, including the annual conferences of the United Nations Framework Convention on Climate Change Kyoto protocol of 1997, led to multiple negotiations to reform global governance. It is clear that these advances and MEAs about Climate change, biodiversity, soil erosion, desertification and pollution of the oceans etc. often coexist without accurate coordination, that the United Nations Environment Environment (UNEP) is supposed to be the pillar of international decisions on the environment which does not have the necessary means of action. In addition, the reform of the institutional framework for sustainable development was precisely one of the two major themes (with the green economy) elaborated in Rio in 2012.

Describing the process leading to the drafting of the UNEP's report on international environmental governance (UNEP/IGM/SS) on February 13, 2002, the report recalled that decision 21/21 also requested that the current session of the Governing Council/Ministerial Forum on the environment engage in an in-depth discussion of the report, intending to provide input regarding the future needs of international environmental governance at the tenth session of the Commission on Sustainable Development, act as the Preparatory Committee for the World Summit on sustainable development. Furthermore, the report explained that the fifth meeting of the Open-ended Intergovernmental Group, which had been held immediately before the current session, had established three working groups to consider undiscussed issues from the Chair's draft report and invited the Chairs of the said groups to present their reports to the Forum.[8]

In the context of the Rio+20, an international UN conference hosted in Rio 20 years after the founding Conference of current approaches to sustainable development, the Conference organized in Paris at the CESE on January 31, 2012, proposes to open the debate and initiate proposals on the theme of a "new environmental global governance." This study is led by the Coordination Committee of the "Club France RIO +20" in conjunction with its Orientation Committee bringing together representatives of partner networks.

8 Programme des Nations Unies pour l'environnement, Rapport du Conseil d'administration Septième session extraordinaire (13-15 février 2002), Assemblée générale, Documents officiels, Cinquante-septième session
Supplément No 25 (A/57/25)

Furthermore, the role of UNEP should have well-defined goals and be based on the principles of policy integration, broad participation, transparency and accountability. Its responsibility should be extended to include multilateral environmental agreements. Also, UNEP Governing Council/Global Ministerial Environment Forum should be used more effectively, based on universal participation and with the support of the best scientific advice. It should benefit from more extraordinary, predictable and stable financial resources.

It is important to note that UNEP has played a non-negligible role in the development of international law by taking initiatives that have led to the development of numerous international and regional conventions. In its report in 2001, UNEP insisted that the proliferation of environmental institutions, issues, and agreements is straining current systems and their ability to manage them. The continual increase in the number of international environmental bodies carries the risk of a reduction in the participation of States because their capacities are limited and make it necessary to establish or strengthen synergies between all these bodies. [9] Also, the Environmental Management Group activities should also be supported under UNEP leadership.

Consequently, in 2007, this idea was raised by the Paris Call to Action, a call supported by 46 States to create the UNEO according to the WHO model.

Given the many challenges currently facing global environmental governance, particularly in terms of fragmentation, complexity and the inability to impose constraints on States, it is clear that the simple strengthening of UNEP carried out in 2013 will be insufficient to arrive at a system of governance capable of offering an adequate response to the environmental crisis. [10]

Moreover, it is essential to note that global economic governance is relatively developed in many areas. The creation of the WTO, the World Bank, the International Monetary Fund and the Bank for International Settlements shows the development of global governance in economic matters. However, global environmental management has remained more limited to govern international environmental protection globally.[11]

Creating a World Environment Organization (WEO) or a United Nations Environment Organization (UNEO) will help centralize the secretariat of the various environmental agreements and stream the global protection of the environment. Creating such a new global institution needs a reform of current international institutions. However, the reform is still encountering strong resistance from certain States, which doubts the interest of the reform and the creation of a new organization.

---

9 Rapport du Directeur exécutif du PNUE sur la gouvernance internationale en matière d'environnement, avril 2001.

10 Chaloux Annie et Simard Philipe, La gouvernance environnementale mondiale : évolution et enjeux, Hors-série décembre 2021 Revue québécoise de droit international 213, 2021 CanLIIDocs 13523, <https://canlii.ca/t/zj55>, consulté le 2022-03-24

11 Poorhashemi, A. (2021). Quel développement pour le droit international de l'environnement au 21ème siècle?. CIFILE Journal of International Law, 2(3), 76-87. doi: 10.30489/cifj.2020.238827.1018

The United Nations Rio Declaration on Sustainable Development in 2012 officially recognized the need to strengthen international environmental governance in order to promote a balanced integration of the economic, social and environmental aspects of sustainable development.[12] In the same way, the Sustainable Development Goals (SDGs) for 2030 express this exact requirement by inviting States to implement a global partnership for sustainable development.

In the same way, the United Nations General Assembly adopted a resolution in order to open negotiations regarding a Global Pact for the Environment on May 10, 2018. This initiative likely aims to improve global governance of the environment by promoting greater effectiveness of international environmental law, mainly through more inclusive governance mechanisms. A special working group has been set up to discuss solving the shortcomings of international environmental law as set out by the Secretary-General of the United Nations in a technical report on December 13, 2018.[13] However, the acceptance of the Global Pact by the States remains a challenge to achieving global governance for environmental protection.

Conclusions

Environmental governance is an essential component of sustainable development. In this perspective, any reform and strengthening of intergovernmental governance should support sustainable development goals, including poverty elimination. Moreover, environmental governance reform had to be seen as an integral part of a whole. Each country has a role to play and takes action for environmental protection at the international, regional, subregional, and national levels. Therefore, there is a need to integrate environmental considerations into sectoral policies at the national level and considerably strengthen the institutional architecture in this area.

Moreover, the reform of international environmental governance should lead to the integration of environmental concerns into development policies, ensure a balanced integration of the pillars of social development, economic growth, and environmental protection, and increase the resources, technology transfer, technical knowledge, etc. capacity building.

On the one hand, some developing countries are concerned that attempts to create a new environmental governance organization might ultimately limit their role in global governance, as had happened in the case of the WTO. But on the other hand, the question is raised whether environmental governance reform would lead to increased empowerment of developing countries in all

12 United Nations, Declaration of the UN Conference on Sustainable Development, Rio (2012).

13 United Nations, "Vers un Pacte mondial pour l'environnement", Rés AG 72/277, Doc off AG NU, 72e sess, Doc NU A/RES/72/277 (2018)

environmental structures, strengthen environment ministers' political role, and improve coordination. On the other hand, some developed countries are unwilling to change global institutions and try to keep the current global governance of environmental protection.

Despite all divergence of the global governance to protect the environment, the international community, including non-governmental organizations, has largely demonstrated its ability to mobilize the states to put appropriate rules and policies in place. Since 1972 the signatures of international treaties and agreements on protecting oceans and seas, watercourses, fisheries, biodiversity and climate change etc., show global efforts to protect the global environment.

The main problem with the current environmental governance system remains that states are unable to reform the international organizations, including the UN and its agencies such as UNEP. However, the reform will be possible under international cooperation, intergeneration negotiations, public participation, with the guarantees of transparency and democratization in global governance.

The reform of UNEP and the creation of a global organization to govern environmental issues requires a broad international agreement between States, which seems difficult to obtain in the short term.

Creating a World Environment Organization (WEO) or a United Nations Environment Organization (UNEO) would be a reinforcement tool to implement international environmental law.

A large number of states are willing and ready to support the reform of the current global governance of environmental protection. New international treaties or agreements could be negotiated between developing and developed countries to create such new organizations.

Finally, International environmental governance should be reformed and designed in such a way as to allow better implementation of the principle of common but differentiated responsibilities.

References

Biermann, Frank. *Global Governance and the Environment.* In: Betsill, M.M., Hochstetler, K., Stevis, D. (eds) Palgrave Advances in International Environmental Politics. Palgrave Advances. Palgrave Macmillan, London. https://doi.org/10.1057/9780230518391_9. 2006, P 237.

Cardesa-Salzmann, A., & Cocciolo, E. *Global Governance, Sustainability and the Earth System: Critical Reflections on the Role of Global Law.* Transnational Environmental Law, 8(3), 437-461. doi:10.1017/S2047102519000098, 2019.

Chaloux Annie et Simard Philipe, *La gouvernance environnementale mondiale : évolution et enjeux*, Hors-série décembre 2021 Revue québécoise de droit international 213, 2021 CanLIIDocs 13523, <https://canlii.ca/t/zj55>, consulté le 2022-03-24

Freire, D., Poorhashemi, A., & Saleme, E. R. *Environmental Infringements Disputes Solutions In Brazil And Canada*. Veredas do Direito: Direito Ambiental e Desenvolvimento Sustentável, 18(41), 2021.

Khalatbari, Y., & Poorhashemi, A. *"Environmental Damage": Challenges and opportunities in International Environmental Law,* CIFILE Journal of International Law, 1(1), 21-28. DOI: 10.30489/CIFJ.2019.93906, 2019.

Pierre Jacquet Jean, Pisani-Ferry Laurence, Tubiana France, *Gouvernance mondiale : rapport de synthèse Conseil d'analyse économique*, Paris, Aubervilliers : La Documentation française, 2002.

Poorhashemi, A., *Emergence of "International Environmental Law": as a new branch of International Public Law."* CIFILE Journal of International Law, 1(2), 33-39. DOI: 10.30489/cifj.2020.218985.1013, 2020.

Poorhashemi, A., *Quel développement pour le droit international de l'environnement au 21ème siècle?.* CIFILE Journal of International Law, 2(3), 76-87. doi: 10.30489/cifj.2020.238827.1018, 2021.

Programme des Nations Unies pour l'environnement, Rapport du Conseil d'administration Septième session extraordinaire, Assemblée générale, Documents officiels, Cinquante-septième session Supplément No 25 (A/57/25), 13-15 février 2002.

Rapport du Directeur exécutif du PNUE sur la gouvernance internationale en matière d'environnement, avril 2001.

Sandrine Maljean-Dubois, *Le renforcement du droit et de la gouvernance de l'environnement à l'échelle internationale Quelles sont les perspectives après le rejet du projet de Pacte mondial ?, Paris,* 2019.

United Nations, *Declaration of the UN Conference on Sustainable Development,* Rio (2012).

United Nations, *Vers un Pacte mondial pour l'environnement,* Rés AG 72/277, Doc off AG NU, 72e sess, Doc NU A/RES/72/277 (2018).

7.

ENERGIA E RELAÇÕES GEOPOLÍTICAS

Oswaldo dos Santos Lucon

Introdução

Grandes transformações estão ocorrendo no setor de energia. A rápida transição para uma matriz global baseada principalmente nas fontes renováveis (hidráulica, solar, eólica, biomassa moderna, geotermal e marinha) é condição necessária para atingir os objetivos climáticos que preservem minimamente as condições de vida em nosso planeta. A intermitência dessas fontes e a necessidade de serviços mais complexos e de melhor qualidade requerem estratégias de digitalização das informações. Infraestruturas, políticas, regulamentos e mercados precisam se antecipar a todos esses movimentos, provendo a chamada segurança energética: disponibilidade ininterrupta de fontes de energia a custos acessíveis.

1. Segurança energética

Segundo a Agência Internacional de Energia (IEA, 2019a), a longo prazo a segurança energética trata principalmente de investimentos oportunos para fornecer energia de acordo com a evolução econômica e as necessidades ambientais. No curto prazo esta se concentra na capacidade dos sistemas de reagir prontamente a mudanças repentinas no equilíbrio entre oferta e demanda de energia. A manutenção da capacidade de resposta a emergências é essencial para garantir a segurança do fornecimento. As interrupções nos sistemas de energia têm o potencial de causar severos impactos socioeconômicos e dessa forma tais sistemas energéticos precisam ser capazes de resistir a choques de uma ampla gama de fontes, incluindo desastres naturais, conflitos geopolíticos e ameaças novas e emergentes relacionadas à digitalização em andamento dos sistemas energéticos. Como a segurança energética é uma garantia contra interrupções e rupturas, os países investem não só na produção mas também na estocagem e na integração de fontes, garantindo reservas e redundâncias necessárias ao fornecimento. Isso implica ainda um conjunto de regulamentos e políticas que fornecem uma infraestrutura e outras medidas emergenciais. Isso vale principalmente para petróleo, gás natural e para a eletricidade provinda de diversas fontes. Sistemas de transmissão, distribuição e armazenamento também são bastante sensíveis a interrupções e outros choques. Para atender às suas necessidades, países se valem de matrizes energéticas distintas e diversas formas de redundância em seus sistemas de entrega e armazenamento.

2. Fontes Renováveis

As fontes renováveis de energia abrangem desde a lenha e resíduos utilizados de maneira primitiva em várias partes do mundo até opções mais modernas como a solar e eólica para geração de eletricidade. A energia hidráulica e a conversão térmica da biomassa são amadurecidos há muitas décadas. Combustíveis avançados abrem consideráveis perspectivas, caso do etanol, do hidrogênio e dos derivados de óleos vegetais. Uma característica dos renováveis é a origem - via de regra, exceto geotermal e maremotriz - pela energia que vem do Sol. Essas fontes, portanto, são em diferentes escalas dependentes de condições climáticas. As renováveis enfrentam múltiplas ameaças, em particular de eventos climáticos extremos e aumento do estresse sobre os recursos hídricos. Resiliência a impactos é essencial para a viabilidade do setor de energia, permitindo atender às crescentes demandas. A água é essencial para todas as fases da geração de energia, desde a produção de combustíveis fósseis e biocombustíveis até a operação das usinas. A gestão das ligações energia-água é e continuará a ser fundamental para as perspectivas de realização bem-sucedida de uma série de objetivos de desenvolvimento e clima.

A sustentabilidade da bioenergia é um tema recorrente, por conta da competição por alimentos, água e outros insumos. Os efeitos indiretos da expansão da bioenergia sobre o uso do solo - caso do desmatamento induzido - também foram foco de acirradas discussões nos meios políticos e científicos nas últimas duas décadas (IPCC, 2011). A tentativa brasileira de expandir o consumo mundial de etanol encontrou enormes barreiras técnicas à sua implementação, tanto por conta de alegados impactos ambientais como das incertezas de dependência energética de poucos fornecedores. Havia, na época, uma equivocada expectativa de que o gás natural e o petróleo - abundantes combustíveis fósseis, ofereceriam maior segurança.

3. Usinas Nucleares

As usinas nucleares são termelétricas movidas pelo calor da fissão radiativa de urânio enriquecido. São fontes de geração sem emissão de carbono, despacháveis e, até certo ponto, flexíveis. Em seu ciclo de vida dependem de atividades que emitem gases de efeito estufa: mineração, extração, enriquecimento e estocagem no longo prazo. Vulneráveis, dependem de rígidos protocolos de segurança contra acidentes de diversas origens: naturais (caso de Fukushima), falhas humanas (Chernobyl) e potencialmente ataques cibernéticos e militares. Acidentes nucleares estão na categoria de eventos de baixa probabilidade mas de alto impacto. Os desastres podem ter grandes proporções e a tecnologia permite o acesso a artefatos de destruição em massa, motivos pelos quais as salvaguardas se ampliaram, tornando demasiadamente caras as usinas nucleares e levando ao seu declínio em nível global. Sem investimentos adicionais a capacidade nuclear nas economias avançadas diminuiria em dois terços até 2040, segundo a IEA (2019b). O futuro é incerto e há vertentes que consideram a nuclear uma opção tecnológica que poderia ajudar a responder na transição dos combustíveis fósseis para uma matriz energética de baixo carbono.

4. Combustíveis fósseis

Carvão, petróleo e gás natural foram responsáveis por 81% do consumo mundial de energia em 2019 (IEA, 2022). O carvão é uma fonte primária de energia bastante abundante ao redor do mundo, utilizada em larga escala para produzir eletricidade. Estas usinas termelétricas, contudo, são bastante impactantes e por isso estão sendo progressivamente desativadas para reduzir as emissões de poluentes atmosféricos locais - principalmente por material particulado e óxidos de enxofre - bem como de dióxido de carbono (CO_2), um gás de efeito estufa. A mineração de carvão também causa diversos impactos, como a contaminação dos cursos d´água e as emissões fugitivas de metano, outro gás responsável pelo aquecimento global. Medidas políticas e estratégias financeiras estão sendo adotadas para eliminar gradualmente seu uso. Tecnologias mitigatórias de impactos como a captura, uso e armazenamento de carbono não estão progredindo no ritmo necessário para garantir caminhos sustentáveis a esta fonte, por conta de seus altos custos.

Petróleo e gás natural também respondem por uma parcela substancial no consumo mundial de energia, particularmente nos setores de transporte e edifícios. O petróleo é um energético extremamente versátil, podendo se converter em diversos combustíveis de relativamente fácil estocagem e conversão. Além disso, compõe a matéria prima principal de fertilizantes, plásticos e diversos outros produtos fundamentais às necessidades humanas. Os estoques de petróleo disponíveis ainda são abundantes e não fossem os limites ambientais seu uso poderia se prolongar por muitas décadas. Esses limites são um desafio para as grandes empresas do setor, que buscam atender às crescentes exigências regulatórias e de mercados, ao mesmo tempo em que competem com empresas estatais situadas em países autocráticos (16 entre os 20 maiores exportadores de petróleo do mundo) que não respeitam tais regras.

O gás natural é das fontes fósseis a menos poluente. Bastante versátil também, atende ao aquecimento de edificações, algumas formas de transporte, geração de eletricidade, vários setores da indústria e produção de fertilizantes e outros petroquímicos importantes. Há um forte debate sobre o papel do gás natural como combustível de transição para fontes renováveis. Plantas a gás podem fornecer segurança aos sistemas desde que operem por poucas horas - mas para tal precisariam ser remuneradas adequadamente e tais mercados precisam ser bem estruturados. A necessidade do gás natural pode ser reduzida por planejamento adequado e desenvolvimento de tecnologias de armazenamento de energia, como baterias, usinas hidrelétricas reversíveis, hidrogênio verde e combustíveis sintéticos renováveis. O planejamento deve, além da melhor integração entre as diversas fontes, ter um componente de cobertura de riscos, principalmente em situações de picos de demanda (por exemplo durante eventos climáticos extremos) e quanto às diversas capacidades de entrega do sistema de gás (especialmente quando se considera o declínio da produção doméstica e possíveis rupturas no fornecimento). A estocagem e o transporte de gás são mais complexos que os do petróleo, exigindo maior estabilidade nas suas regras comerciais. Mercados de gás natural normalmente são estabelecidos por regiões, nas quais dutos dedicados conectam fontes a centros de demanda por contratos de longo prazo chamados de "take or pay". Comprimido, resfriado e transportado por grandes navios, o gás natural liquefeito (GNL) oferece uma maior flexibilidade de seu comércio, contudo limitada por cláusulas de destino. A mudança nos mercados - de integração regional para independência globalizada - também gera novas preocupações relacionadas à segurança. Estas podem ser tanto físicas (terminais de GNL são vulneráveis a acidentes) quanto contratuais (preços mais altos e oferta mais volátil). Crises como a recente guerra na Ucrânia vêm questionando paradigmas de economias globalizadas com mercados abertos.

5. Eletricidade

O *mix* de geração de eletricidade deve liderar o caminho para alcançar um caminho energético sustentável em todos os setores. A eletricidade é um vetor energético considerado nobre, dada a sua conversibilidade em luz, calor, força motriz, conversões eletroquímicas e serviços de comunicação. O consumo de eletricidade, em si, não é poluente. Em 2019 a eletricidade correspondia a um quinto do consumo de energia final no mundo, mas deverá ser responsável em 2050 por metade do total para garantir o atingimento das metas de dois graus do Acordo de Paris (IEA, 2021; IEA, 2019c), ou pelo menos 30% dentro de cenários conservadores. Novas tecnologias como teleconferências, eletromobilidade e integração digital de sistemas apontam caminhos para desafios ambientais, sanitários e sociais, prevenindo danos maiores por interrupções no fornecimento básico de bens e serviços.

A eletrificação oferece consideráveis ganhos de eficiência na mobilidade, nos edifícios, na indústria e nos serviços. O fornecimento seguro de eletricidade é de suma importância em todas as sociedades e economias modernas, apoiando serviços críticos como saúde, transportes, comunicações e finanças. Sua interrupção pode causar consideráveis impactos, razão pela qual os sistemas de geração, transmissão e distribuição precisam ter mecanismos de redundância e pronta resposta. Muitas vezes a eletricidade é produzida em locais distantes, sendo transmitida por cabos até os centros de consumo.

Governos geralmente são responsáveis pela confiabilidade do fornecimento de eletricidade, bem regulamentado e considerado infraestrutura crítica. O gerenciamento dos riscos contempla tanto a confiabilidade quanto o custo-benefício das diferentes interrupções de energia. Em certos momentos o corte de carga pode ser utilizado de forma controlada, limitada e preferencialmente informada para reparos na rede e até para alívio de picos de carga, garantindo a segurança do abastecimento. Contudo, em outros casos sistemas elétricos entram em colapso por apagões em cascata devido a uma série crescente de sobrecargas de linha. Quando não se possui redundâncias como geração de *backup*, os danos sociais pela interrupção de serviços essenciais como sistemas de pagamento, telecomunicações, transportes, saúde e ordem pública podem ser muito significativos, como se pode ver pelos maiores apagões registrados (Wikipedia, 2022). Em 2001 o Brasil testemunhou um longo período de racionamento de eletricidade, por conta de grandes déficits de fornecimento por falta de planejamento, com grandes impactos sociais e macroeconômicos. Dez anos depois, um grande terremoto no leste do Japão causou também um enorme choque de oferta, respondida por uma campanha nacional de conservação de energia que forçou enormes mudanças na indústria local. A restauração do sistema de energia elétrica é sempre uma das maiores prioridades em qualquer evento. Sólidos investimentos, planejamento sistemático, regulação atualizada e instituições fortalecidas são respostas de resiliência a esses desafios.

Os sistemas elétricos vêm passando por grandes transformações, que requerem novas abordagens para preparo e resposta a riscos. Tradicionalmente a eletricidade era fornecida principalmente por concessionárias verticalmente integradas com monopólio regional usando grandes usinas despacháveis e redes de transmissão e distribuição não-digitais, controladas centralmente e com fornecimento estável garantido por tarifas que cobrem a taxa normal de retorno do ativo investido. Os atuais sistemas competitivos desagregados incluem fontes renováveis variáveis e distribuídas, como eólica e solar fotovoltaica, mais baratas do que as tradicionais gerações térmica e hidráulica, com altos custos de combustível e/ou de capital. Porém, elas exigem flexibilidade para lidar com intermitências no fornecimento por aspectos como os eventos climáticos extremos. As fontes tradicionais também estão sujeitas a problemas, caso dos estresses hídricos, as ameaças geopolíticas ao fornecimento de combustíveis e os grandes acidentes nucleares. Além disso, para gerenciar sistemas complexos o papel das tecnologias de informação digital está aumentando exponencialmente, expondo o sistema elétrico a ameaças cibernéticas. A regulação tem um papel fundamental para garantir a segurança da eletricidade em meio à transição energética, ao ajustar os designs e padrões de mercado para refletir uma maior variabilidade de oferta e demanda, levando também em conta novas ameaças como segurança cibernética e mudanças climáticas. Conhecer a disponibilidade de combustíveis e os recursos para cobrir picos de demanda e períodos de estresse são necessários para garantir o comportamento estável do sistema elétrico em tempo real. Um adequado *mix* de fontes, designs de mercado e tecnologias leva em conta não somente a oferta mas também a demanda. Conhecer e mensurar as propriedades dos consumidores permite respostas adicionais para lidar com a flexibilidade. Estruturas de planejamento integradas, coordenadas e transparentes são vitais para a transição segura e econômica para um novo mix de eletricidade, oferecendo mais previsibilidade aos agentes econômicos.

6. Desafios da transição

A discussão sobre a segurança energética vai muito além do fornecimento de combustíveis. Ela abrange a água, minerais, metais, fertilizantes e outros produtos necessários para propiciar condições de vida fundamentais na maior parte dos países do mundo. Considerações de análise de ciclo de vida cobrem no todo ou em parte os impactos ao longo da cadeia de obtenção de energia, suprimento, estocagem, transmissão, distribuição e uso final. Formuladores de políticas precisam se atualizar considerando a segurança do fornecimento, aproveitando as melhores capacidades e evitando grandes riscos. Tal análise, contudo, é muito específica quanto ao local e contexto. Um exemplo atual são os veículos elétricos, que acabam se tornando indiretamente poluentes se abastecidos com eletricidade provinda do carvão. Essa premissa é contudo temporária - pois as matrizes de fornecimento estão mudando para renováveis - e assim induz ao erro projetar ao futuro as mesmas condições atuais.

Sob uma perspectiva puramente técnica e de custos, todos os combustíveis e todas as tecnologias devem ser consideradas, nunca deixando de lado a capacidade líquida de pico de demanda, a flexibilidade no fornecimento, as reservas disponíveis de cada fonte e - naturalmente - os limites impostos pela capacidade de suporte do meio. Existem vários desses limites. Um deles, muito importante, é a disponibilidade hídrica. A água é base das hidrelétricas, resfria turbinas termoelétricas (de origem fóssil, nuclear, geotermal e da biomassa), limpa painéis solares e viabiliza a extração de matérias-primas (mineração de carvão e metais nobres, fraturamento de rochas para a obtenção de gás e petróleo). Condições de escassez hídrica por conta do clima ou da competição pelos usos múltiplos afetam a confiabilidade do fornecimento de energia. A energia eólica, por sua vez, depende dos regimes de ventos, que não são necessariamente constantes.

Muitas das tecnologias dependem intrinsecamente do fornecimento confiável de minerais e metais. Indústrias extrativas estão sujeitas a diversas preocupações que vão desde impactos socioambientais até a segurança nacional. Governos autocráticos como a China e a Rússia são grandes fornecedores mundiais de matérias-primas - como níquel, cobalto, urânio e terras raras - fundamentais para a produção de baterias de veículos elétricos, turbinas eólicas e usinas nucleares.

Via de regra a eletricidade é consumida imediatamente após ser produzida. Conciliar a demanda com o despacho na origem requer sistemas robustos, com suficientes redundâncias e na medida do possível algum armazenamento. Tecnologias de baterias vêm evoluindo rapidamente, com custos decrescentes, mas a capacidade instalada ainda é extremamente incipiente. Reservatórios hidráulicos reversíveis podem ser uma boa opção para armazenar energia, mas é mais inteligente gerenciar os seus níveis no momento do despacho. As fontes fósseis, o urânio e a biomassa permitem estocar energia de forma física - algo que se espera num futuro próximo também com o hidrogênio "verde" e os combustíveis sintéticos, ambos produzidos a partir de renováveis.

A transição para fontes menos intensivas em carbono apresenta desafios de intermitência no fornecimento de eletricidade, requerendo mais flexibilidade, melhores tecnologias, estruturas regulatórias e capacidade de mercados. A segurança elétrica - capacidade do sistema elétrico de garantir a disponibilidade ininterrupta de eletricidade - requer adequação, segurança operacional e resiliência. Adequação é a capacidade do sistema elétrico de suprir a demanda elétrica agregada dentro de uma área em todos os momentos sob condições consideradas normais de operação. Segurança operacional é a capacidade do sistema elétrico de manter um estado normal ou retornar a um estado normal após qualquer tipo de evento o mais rápido possível. Resiliência é a capacidade do sistema e de seus componentes de absorver, acomodar e se recuperar de choques de curto prazo e mudanças de longo prazo, choques que podem ir além das condições cobertas nas avaliações de adequação padrão.

O crescimento populacional e econômico demanda mais serviços energéticos, melhores e seguros. O aumento da segurança energética se faz por um *mix* de geração diversificado, redes de transmissão e distribuição adequadas, conjuntamente com novas tecnologias e respostas do lado da demanda. Sistemas energéticos precisarão ser capazes de lidar com o aumento da variabilidade e incerteza, aumentando a necessidade de flexibilidade e soluções inovadoras para responder aos desafios de investimento para implantação contínua. Economias marginais de emissão de carbono tenderão a reduzir à medida que as fontes de energia de maior emissão são deslocadas e a competição entre tecnologias de baixo carbono se torna mais comum. A devida regulação da complementaridade de fontes permite direcionar os investimentos, diminuir o custo econômico da descarbonização do sistema e suavizar os desafios de integração associados a poucas fontes de geração. Incentivos baseados na precificação do carbono e criação de mercados de emissões atuam de forma indireta para dar robustez e simetria ao progresso dos sistemas físicos na área de energia.

7. Resiliência digital

A crescente digitalização mobiliza uma ampla variedade de dispositivos de uso final para responder às necessidades do setor de energia, aumentando ou reduzindo as cargas em momentos de dificuldade. Nos próximos anos, a eletrificação profunda exigirá que aproveitemos a digitalização para reduzir o consumo pelos aparelhos elétricos, seguindo sinais de preço ou ordens técnicas vinculadas ao estresse no sistema. A digitalização permite um eficiente racionamento de energia, voltado para aparelhos não essenciais e preservando usos mais necessários como elevadores, comunicações e hospitais. Em redes menores de distribuição já se pode gerenciar fluxos de energia nos dois sentidos, através de atualizações e mudanças operacionais no gerenciamento de tensão e nos esquemas de proteção.

Os sistemas de energia em todo o mundo estão se tornando mais interconectados e inteligentes, numa expansão que traz muitos desafios para garantir sua segurança. Interrupções cibernéticas no setor de energia têm sido relativamente menores, mas os ataques estão se tornando mais comuns e o problema aumentará à medida que volumes maiores de dados forem trocados ou armazenados em servidores e com o desenvolvimento cada vez mais rápido de dispositivos conectados. Difíceis de se rastrear e medir, os ataques cibernéticos estão entre os dez principais riscos globais em termos de probabilidade e impacto, de acordo com o mais recente relatório do Fórum Econômico Mundial (WEF, 2022). tanto em suas capacidades destrutivas quanto em sua capacidade de identificar vulnerabilidades. Danos físicos e interrupção generalizada dos serviços podem resultar em gigantescas perdas econômicas.

Aumentar a resiliência cibernética implica incorporar uma cultura organizacional e implementar estratégias de gerenciamento de risco, adaptadas a diferentes circunstâncias e considerando a permanente evolução. Requisitos prescritivos são claros via de regra, seus desafios estão na implementação considerando diferentes contextos institucionais, como jurisdições regulatórias.

8. Aspectos geopolíticos

Muitas lições foram aprendidas com a crise do petróleo em 1973, mas mesmo assim o mercado global de petróleo permanece vulnerável a uma ampla gama de fatores de risco, incluindo desastres naturais, grandes acidentes técnicos e tensões geopolíticas. Componente importante da demanda global de energia nas próximas décadas, particularmente para o setor de transporte, a manutenção da capacidade de resposta a emergências nesta área continuará sendo essencial. Estoques integrados de petróleo são parte de uma ação coletiva, combinando indústrias, governos e agências em medidas que vão desde aumento de oferta (por exemplo, liberando estoques de emergência) à redução de demanda. (por exemplo, implementando medidas de contenção que vão de campanhas de informação pública para promover ações voluntárias a restrições de direção ou racionamento de combustível). Medidas de longo prazo são a substituição de importações, diversificação do fornecimento de energia e desenvolvimento de tecnologias alternativas. Outras medidas são a substituição de combustíveis e o aumento na flexibilidade do fornecimento (através por exemplo do relaxamento temporário de padrões ambientais ou de qualidade). No caso de conflitos, grandes eventos climáticos e outras interrupções consideradas graves para mercados globais de energia, ações coletivas podem ser adotadas.

A recente crise geopolítica deflagrada pela invasão da Ucrânia é um exemplo dessa vulnerabilidade, que terá reflexos duradouros nos setores energético e alimentar globais. A divisão cada vez maior entre democracias e autocracias sofre ainda com a inflação de *commodities* alimentares - como trigo, soja e carne - que deve aumentar a fome no mundo e com isso a dívida social de vários países, potencialmente levando a maiores instabilidades políticas. Certamente o mercado global será impactado pelos novos fluxos de importação de petróleo e gás natural liquefeito, levando a grandes volatilidades e aumentos nos preços da energia. Um terço do gás europeu é fornecido pela Rússia por contratos de longo prazo, o que gera não só riscos físicos como também consequências jurídicas pelo seu não-cumprimento. A modificação nos mercados pelo embargo econômico afeta não só as matrizes de energia, mas as de alimentos e transporte. A substituição de importações afeta o preço das commodities mais básicas em quase todos os países, levando a maiores competições por produtos - e muito provavelmente também por recursos naturais. Some-se a esses aspectos as medidas protecionistas, o isolacionismo político e provavelmente mais uma vigorosa diminuição na demanda após a da ainda não terminada pandemia de Covid-19. O esperado retrocesso na globalização pode ser acompanhado por uma divisão cada vez maior entre democracias e autocracias - no caso energético correspondente a 16 entre os 20 maiores exportadores de petróleo do mundo. A inflação de *commodities* como trigo, soja e carne deve aumentar a fome no mundo e com isso a dívida social de vários países, potencialmente levando a maiores instabilidades políticas.

Conclusões

No médio e longo prazos espera-se testemunhar um ajuste nas importações através de substituições de mercados, um incremento substancial no desenvolvimento de alternativas renováveis para a produção de energia, consideráveis saltos tecnológicos e diversas ações de eficiência quanto a mudanças de comportamentos e estilos de vida. Não se sabe como esse salto ocorrerá. A transição energética se apresentava como um processo simples ao conciliar investimentos em renováveis no curto prazo com a recuperação pelos menores custos operacionais ao longo do tempo.

O uso racional de recursos e a integração das fontes permitem uma maior eficiência e resiliência a todo o sistema, mas requer também o apoio de outras tecnologias, principalmente no mundo em desenvolvimento. Nestes, a suficiência do acesso geral e equitativo pode se aliar à eficiência obtida pela incorporação de novas tecnologias sem passar por estágios intermediários e mais poluentes em seu desenvolvimento. Esse processo é chamado em inglês de *leapfrog* (literalmente, pulo do sapo) e pode ser exemplificado pelos pequenos sistemas solares e pelo uso disseminado dos *smartphones*. A acelerada eletrificação dos sistemas energéticos é considerada condição essencial para um futuro de baixo carbono.

A partir da antecipação dos riscos, governos e reguladores devem definir padrões de confiabilidade e níveis aceitáveis de interrupção de fornecimento de energia, considerando seus impactos econômicos e sociais. Definidos tais níveis, é preciso dar condições para que estruturas de mercado e investimento tragam o nível desejado de segurança.

O panorama é extremamente ambicioso e adiciona um considerável grau de complexidade às políticas climáticas. O multilateralismo proposto pelo sistema das Nações Unidas se encontra em xeque face às ameaças pelo uso da força e a imposição de medidas protecionistas assimétricas que desestabilizam as expectativas que embasam as trajetórias necessárias para atingir as metas do Acordo de Paris. Por uma questão de sobrevivência, a humanidade precisará sair dessa crise com uma maior preocupação quanto à economia circular, a inclusão social e a sustentabilidade socioambiental generalizada. Um aspecto positivo neste contexto tão conturbado é a conscientização da comunidade internacional sobre a importância da segurança - energética, alimentar, geopolítica e socioambiental.

Referências

IEA. *A closer look at the modelling behind our global Roadmap to Net Zero Emissions by 2050*. International Energy Agency, Paris, 2021 https://www.iea.org/commentaries/a-closer-look-at-the-modelling-behind-our-global-roadmap-to-net-zero-emissions-by-2050

___ Data and statistics. IEA, Paris, 2022, https://www.iea.org/data-and-statistics/data-tables?country=WORLD&energy=Balances&year=2019

___ . Energy Security. IEA, Paris, 2019a, https://www.iea.org/topics/energy-security

___ . Net Zero by 2050 A Roadmap for the Global Energy Sector. IEA, Paris, 2019b, https://iea.blob.core.windows.net/assets/deebef5d-0c34-4539-9d0c-10b13d840027/NetZeroby2050-ARoadmapfortheGlobalEnergySector_CORR.pdf

___ Nuclear Power in a Clean Energy System. IEA, Paris, 2019c https://iea.blob.core.windows.net/assets/ad5a93ce-3a7f-461d-a441-8a05b7601887/Nuclear_Power_in_a_Clean_Energy_System.pdf

__ Power Systems in Transition. IEA, Paris, 2020 https://www.iea.org/reports/power-systems-in-transition

___ World Energy Balances. International Energy Agency, Paris, 2021 https://www.iea.org/reports/world-energy-balances-overview

___ World Energy Outlook 2021. IEA, 2021, https://iea.blob.core.windows.net/assets/4ed140c1-c3f3-4fd9-acae-789a4e14a23c/WorldEnergyOutlook2021.pdf

IPCC. *Renewable Energy in the Context of Sustainable Development. In* IPCC Special Report on Renewable Energy Sources and Climate Change Mitigation. Intergovernmental Panel on Climate Change. Cambridge e Nova York, 2011 https://www.ipcc.ch/site/assets/uploads/2018/03/Chapter-9-Renewable-Energy-in-the-Context-of-Sustainable-Development-1.pdf

WEF. *Global Risks Report* 2022. World Economic Forum, Genebra, https://www.weforum.org/reports/global-risks-report-2022

Wikipedia, 2022. *List of major power outages*, https://en.wikipedia.org/wiki/List_of_major_power_outages

8.

THE HAGUE INTERNATIONAL SPACE RESOURCES GOVERNANCE WORKING GROUP: LEGACY AND PERSPECTIVES

Olavo de O. Bittencourt Neto

Introduction

revisiting the outcomes of the Hague International Space Resources Governance Working Group, regarding the regulatory framework applicable to the use of mineral and volatile materials on celestial bodies, is of great relevance to studies on Space Law and Policy.

The dawn of a new era for Space Law may be upon us. Space resource activities are currently becoming more feasible by the day. Private companies have identified the economic potential of such endeavors, pressing States to clarify the applicable legal framework. Latest regulatory efforts through domestic legislation denounces the recognition, at the governmental level, of the relevance of such a complex issue.

As technology inevitably advances, so shall the Law. The *corpus iuris* related to space activities revolves around core principles conceived around half a century ago. Space resources, including mining of celestial bodies, arguably justify the development of a new international legal regime, designed to answer unavoidable demands of the international community.

In order to consider the relevance of providing an international a regulatory framework applicable to space resource activities, the Hague International Space Resources Governance Working Group (the Hague Working Group) was constituted in 2015.

Designed to support confidence-building and transparency among space actors, the Hague Working Group promoted international cooperation and multistakeholder dialogue. Twenty building blocks for the development of an international framework on space resource activities were finally approved in 2019, in an effort to contribute with other domestic and international regulatory efforts. The final report deserves to be properly acknowledged and reviewed by the international community, including at the United Nations Committee on the Peaceful Uses of Outer Space (UNCOPUOS).

Multilateralism is a necessity in our world of today. The coordination of international relations between three or more States, through *ad hoc* arrangements or institutions, constitutes the foundation for global governance. Indeed, interests of countries and nations are becoming increasingly intertwined, as recent economic and political crises so clearly certified.

Now is the time to support multilateral efforts towards the provision of a clear, effective legal framework applicable to space resources, in accordance with International Law. Therefore, it is important to acknowledge present and future multilateral initiatives devoted to the study of international rules applicable to space resources, including the results achieved by the Hague Working Group.

Legal systems shall reflect social needs and aspirations, for the benefit of all; as far as International Law is concerned, the stakes are even higher, since universal legal regimes may constitute the last bastion against dangerous international disputes.[1]

I. Space resources

the unstoppable evolution of technology, and the growing dependability of the international community on space-based systems inflict constant challenges to the international community, in search of sustainable uses of outer space.

Space Law fundamental principles were accorded around half a century ago, reflecting the fears and interests of nations during a particular difficult period of the Cold War.[2] Many features of the international agreements concluded back then reflect those times, with a State-centred focus and a constant concern over strategic imperatives connected to aerospace technology and activities.

Treaty on Principles Governing the Activities of States in the Exploration and Use of *Outer Space* of 1967, including the *Moon* and Other Celestial Bodies, known as the Outer Space Treaty, may be regarded as the Magna Carta of Space Law.[3] Although constituting an impressive structure of fundamental princi-

---

1 This chapter revisits and expands the paper "The *Dawn* of an *International Regime* for *Space. Resources: Multilateral Perspectives", presented by the author at the 59th Colloquium on the Law of Outer Space, held in Guadalajara, Mexico, in 2016.*

2 Frans Von der Dunk and Fabio Tronchetti (ed.). *Handbook of Space Law*. Cheltenham, UK: Edward Elgar, 2015. p. 35/41.

3 *"The Outer Space Treaty is the cardinal instrument regulating activities in outer space. It provides guidance and direction to human operations in the space environment and constitutes the basis for all legal documents, negotiated at both the international and national level, addressing outer space issues."* Fabio Tronchetti. Fundamentals of Space Law and Policy. New York, USA: Springer, 2013. p. 7/8.

ples still observed today,[4] could not possibly anticipate all current concerns of the international community, including space debris, large satellites constellations and the exploitation of space resources.

As explained by Ingo BAUMANN:

> *"The law has to keep pace with technological, economic and political developments, which may change quite substantially within short periods of time. International treaties usually need years to be adopted and subsequently to enter into force, and they already may be outdated at the time."*[5]

Generally, treaties face difficulties when dealing with the time factor. In their context, marks of a certain moment in international relations are often crystallized, reflecting aspirations and fears of States at a certain historical moment.

As time goes by, interpretation even of core treaty provisions cannot, and in fact should not, be avoided. More an art then a science, interpretation of international instruments is a common practice among diplomats, government officials and international lawyers. Anthony AUST clarifies:

> *"Despite the care lavished on drafting, and accumulated experience, there is no treaty which cannot raise some question of interpretation."*[6]

As the economic potential of space activities looms large on the horizon, attracting the attention of a private sector benefiting from a decrease of costs and a wider access to space technology, the current applicable legal framework endures constant challenges to keep its relevance. Predictably, dissents of opinion in relation to important treaty provisions tends to keep increasing in the near future.

Not even fundamental principles of the Outer Space Treaty are immune from debates. For instance, Article I solemnly states, in its first paragraph, that "*the exploration and use of outer space, including the Moon and other celestial bodies, shall be carried out for the benefit and in the interests of all countries, irrespecti-*

---

4 "*The 1967 Space Treaty provides a legal framework for man's exploration and use of outer space and, in doing so, transforms into binding legal obligations the various principles first enunciated in resolution 1962 (XVIII), whilst adding others.*" Bin Cheng. *Studies in International Space Law.* Oxford, UK: Clarendon Press, 1997. p. 156.

5 Ingo Baumann. "Diversification of Space Law", *in* Marietta Benkö and Kai-Uwe Schrogl (ed.) *Space Law: Current Problems and Perspectives for Future Regulation*. Utrecht, The Netherlands: Eleven, 2005. p. 72.

6 Anthony Aust. *Modern Treaty Law and Practice.* 2. ed.. Cambridge, UK: Cambridge University Press, 2007. p. 230.

ve of their degree of economic or scientific development, and shall be the province of all mankind".

Later, the next paragraph of the same article introduces an additional perspective, when it says that "*outer space, including the Moon and other celestial bodies, shall be free for exploration and use by all States without discrimination of any kind, on a basis of equality and in accordance with international law, and there shall be free access to all areas of celestial bodies.*"

Considering those provisions, one could wonder if there is a disconnection between contemplating outer space as the province of humankind while, at the same time, assuring the freedom of exploration and use by every nation.

In the respected opinion of C. Wilfred JENKS, "*the principle of the common interest of mankind in space defines the perspective in which the problems of space law are to be resolved; while in itself so general as to lack any clearly defined content, it is important precisely because it is so general.*"[7] Accordingly, in the opinion of the mentioned author, the more specific principles of Space Law, including the freedom of exploration and use, derive from the principle of common interest of mankind.[8]

The study should consider other treaty provisions. Article II of the Outer Space Treaty provides arguably one of the most important Space Law tenets, by stating solemnly that "*outer space, including the Moon and other celestial bodies, is not subject to national appropriation by claim of sovereignty, by means of use or occupation, or by any other means.*"

In accordance with International Law, outer space represents a domain to which all States have access, but in relation to which none has the right to exercise sovereignty. Thus, it arguably constitutes an example of global commons, as the high seas and the Antarctica. I. H. Ph. DIEDERIKS-VERSCHOOR affirms that "*the ban on sovereignty remains dearly expressed as a fundamental factor in space law, and it must be seen as constituting an absolute legal barrier in the realization of every kind of space activity.*"[9]

Nevertheless, the definition and delimitation of the frontier between air space, submitted to the sovereignty of the respective territorial State, and outer space, free from national appropriation, is still to be provided multilaterally.[10]

---

7 C. Wilfred Jenks. *Space Law.* New York, USA: Preaeger, 1965. p. 193.

8 C. Wilfred Jenks. *Space Law.* New York, USA: Preaeger, 1965. p. 193.

9 I. H. Ph. Diederiks-Verschoor. *An Introduction to Space Law.* 2. edition. The Hague, The Netherlands: Kluwer, 1999. p. 28.

10 "The differences between the legal regimes applicable to air space and outer space are of a fundamental order: while Air Law is based on considerations of sovereignty, Space Law overtly forbids any form of national appropriation. Widely accepted treaties provided those rules, which can even be recognized as of a fundamental character to Air Law and Space Law. Therefore, the different standards contributed to the creation of two immiscible legal systems, which arguably succeed each other above the surface of the Earth, at a still to be determined altitude." Olavo de O. Bittencourt Neto. *Defining the Limits of Outer Space for Regulatory Purposes.* New York, USA: Springer, 2015. p. 5.

Furthermore, could it be possible to argue that the sensing, extraction, exploitation and commercialization of natural space resources, contained in celestial bodies, implies a form of illegitimate exercise of sovereignty power? Or should we veer in another direction, distinguishing space resource activities from any form of effective national appropriation?

Philip de MAN has reviewed the debates among publicists on this matter and observed:

> *"A great deal has been written about the applicability of article II OST to natural resources and scholars appears deeply divided over the subject."*11

As space resource activities draw increasingly more attention, it seems reasonable to anticipate a growth of conflicting interpretations of said norms, ranging not only from the concept of space resources in relation to the one of celestial bodies, up to the extent of applicability of Article II of the Outer Space Treaty to the exploitation of asteroids' natural treasures.

One should also consider the provisions of the Agreement Governing the Activities of States on the Moon and Other Celestial Bodies, known as the "Moon Agreement". Accorded in 1979 and in effect since 1984, despite the relatively small number of States Parties, the Moon Agreement provides, in its Article 6.2:

> *"In carrying out scientific investigations and in furtherance of the provisions of this Agreement, the States Parties shall have the right to collect on and remove from the moon samples of its mineral and other substances. Such samples shall remain at the disposal of those States Parties which caused them to be collected and may be used by them for scientific purposes. States Parties shall have regard to the desirability of making a portion of such samples available to other interested States Parties and the international scientific community for scientific investigation. States Parties may in the course of scientific investigations also use mineral and other substances of the moon in quantities appropriate for the support of their missions."*

---

11 Continuing: "*Some authors categorically deny the right of States to appropriate any form of space resources, as the general and encompassing wording of Article II OST does not allow differentiating between outer space, including celestial bodies, and the natural resources thereof. A second school of authors renders the applicability of the non-appropriation principle dependent on the type of resources concerned.*" Philip de Man. "The Commercial Exploitation of Outer Space and Celestial Bodies", *in* Mark J. Sundahl and V. Gopalakrishnan (ed.). *New Perspectives on Space Law.* Paris, France: International Institute of Space Law, 2011. p. 44.

Despite its relevant regulatory features, including environmental and security considerations, the Moon Agreement has failed to obtain universal recognition. The most contentious provision of its text, which obtaining consensus at the UNCOPUOS, may found in its Article 11, which states that the Moon and its natural resources are the common heritage of mankind. Accordingly, Paragraph 4 of said Article provides that "*States Parties to this Agreement hereby undertake to establish an international regime, including appropriate procedures, to govern the exploitation of the natural resources of the moon as such exploitation is about to become feasible.*" Up to now, no international regime of that sort has been multilaterally accorded.

Idiosyncrasies identified in particular features of current treaty framework, as far as space resources are concerned, seems to authorize States, via domestic legislation, to regulate this novel space activity to assure legal certainty for public and private operators.

The US Commercial Space Launch Competitiveness Act, of 2015 (H.R. 2262),[12] has received overwhelming examination and heated debates for stating that American citizens, engaged in commercial recovery of an asteroid resource or a space resource, "*shall be entitled to any asteroid resource or space resource obtained, including to possess, own, transport, use and sell the asteroid resource or space resource obtained in accordance with applicable law, including the international obligations of the United States*" (§ 51303).

To reject any sort of infringement of the no-appropriation rule of the Outer Space Treaty, Section 403 of said Act stablishes that the United States does not assert sovereignty or sovereign or exclusive rights or jurisdiction over, or the ownership of, any celestial body. Additionally, license to those activities must be obtained, from local authorities, "*in accordance with applicable law, including the international obligations of the United States.*"

The American legislation brought to the spotlight the varying degree of interpretation that major principles of the Outer Space Treaty may be submitted nowadays, as technology and activities evolve, considering somehow different interests and perspectives than the ones identified in the late 1960s.

Not much later, Luxembourg approved in 2017 its Law on the Exploration and Use of Space Resources. Therein is consolidated the interpretation that space resources are capable of being appropriated, in accordance with International Law.[13] Such regulation provided rules applicable to authorization and supervision of exploration and use of space resources. In 2021, a general regime on that regard was approved, detailing applicable rights and duties.

The United Arab Emirates followed suit in 2019, with its Federal Law 12 on Regulation of the Space Sector. Among its many relevant provisions, one should consider Article 18, which regulates permits for the exploration, exploi-

12 Available at: < https://www.congress.gov/bill/114th-congress/house-bill/2262/text>, assessed on 30 May 2022.

13 Available at: <https://space-agency.public.lu/en/agency/legal-framework/law_space_resources_english_translation.html>, assessed on 30 May 2022.

tation and use of space resources, including their acquisition, purchase, sale, trade, transportation and storage.[14] More recently, Japan, through its Act 83 on Promotion of Business Activities Related to the Exploration and Development of Space Resources, introduced procedures for obtaining a permit to pursue space resources extraction activities.[15] In accordance with its Article 5, the person who obtained the permit owns the space resources.

The international community took notice of those novel domestic regulatory efforts. Still in 2016, the International Institute of Space Law (IISL) presented a detailed position paper on Space Resources mining. The study concluded that one may consider the US Act as a valid interpretation of the Outer Space Treaty, since it does not provide a clear prohibition of the taking of resources from celestial bodies. Nevertheless, the last paragraph of the IISL study addresses possible future perspectives:

> *"Whether the United States' interpretation of Art. II of the Outer Space Treaty is followed by other states will be central to the future understanding and development of the non-appropriation principle. It can be a starting point for the development of international rules to be evaluated by means of an international dialogue in order to coordinate the free exploration and use of outer space, including resource extraction, for the benefit and in the interests of all countries."*[16]

In 2016, at the Legal Subcommittee of the United Nations Committee on the Peaceful Uses of Outer Space (UNCOPUOS), after intense exchange of views regarding the United States Act, it was agreed the introduction of a new agenda item, titled "*General exchange of views on potential legal models for activities in the exploration, exploitation and utilization of space resources*". Following a Belgium initiative, the proposal received express support from the delegations of Russia, Greece, Mexico, Austria, Netherlands, Belgium, USA and Iran.[17]

In 2021, after informal consultations, a Working Group on Legal Aspects of Space Resource Activities was approved. A five-year workplan and methods of work were proposed by its chairs and accepted by COPUOS' delegations in 2022. The initiative plans to conclude its activities by presenting, in 2027, a set of initial recommended principles for space resource activities for the conside-

---

14 Available at: <https://www.moj.gov.ae/assets/2020/Federal%20Law%20No%2012%20of%202019%20on%20THE%20REGULATION%20OF%20THE%20SPACE%20SECTOR.pdf.aspx>, assessed on 30 May 2022.

15 Available at: < https://kanpou.npb.go.jp/old/20210623/20210623g00141/20210623g001410004f.html>, assessed on 30 May 2022.

16 Available at: < http://www.iislweb.org/docs/SpaceResourceMining.pdf>, assessed on 30 May 2022.

17 A/AC.105/1113.

ration of and consensus agreement by COPUOS, followed by possible adoption by the UN General Assembly as a dedicated resolution or other action.[18]

The use and exploration of outer space, for the benefit of all humankind, requires coordination and cooperation among the international community. Article IX of the Outer Space Treaty makes it crystal clear, irrespective of possible conflicting interpretations of the other articles.[19] Space resource activities may very well ignite a new era for Space Law, justifying reinterpretation of principles of enactment of an international regulatory framework. Since several nations have already or are considered in developing national legislation to authorize and license those space activities in celestial bodies, the importance of developing a multilateral effort to clarify the applicable international rules cannot be denied, so as to support sustainable and peaceful initiatives.

II. Multilateralism

unilateral perspectives in relation to space resources, applied through domestic legislation, inevitably must reflect local interests. Economic aspects, encompassing preoccupations of the private sector, are certainly to be evaluated during drafting. Strategic considerations, based on defence and security, can also help shape and mould those rules.

Nonetheless, as discussed above, outer space remains an international territory, to be freely used and explored in accordance with a particular international legal framework, however broad or elusive its major principles may be.

Multilateral regulation can be deemed as instrumental to assure that space activities are conducted in a productive and coordinated way, addressing the concerns of the international community in general, and of non-space faring nations in particular.

---

18 Available at: <https://www.unoosa.org/documents/pdf/copuos/lsc/space-resources/Co--Chairs_Proposed_Workplan_as_at_5_April.pdf>, assessed on 30 May 2022.

19 *"In the exploration and use of outer space, including the Moon and other celestial bodies, States Parties to the Treaty shall be guided by the principle of cooperation and mutual assistance and shall conduct all their activities in outer space, including the Moon and other celestial bodies, with due regard to the corresponding interests of all other States Parties to the Treaty. States Parties to the Treaty shall pursue studies of outer space, including the Moon and other celestial bodies, and conduct exploration of them so as to avoid their harmful contamination and also adverse changes in the environment of the Earth resulting from the introduction of extra-terrestrial matter and, where necessary, shall adopt appropriate measures for this purpose. If a State Party to the Treaty has reason to believe that an activity or experiment planned by it or its nationals in outer space, including the Moon and other celestial bodies, would cause potentially harmful interference with activities of other States Parties in the peaceful exploration and use of outer space, including the Moon and other celestial bodies, it shall undertake appropriate international consultations before proceeding with any such activity or experiment. A State Party to the Treaty which has reason to believe that an activity or experiment planned by another State Party in outer space, including the Moon and other celestial bodies, would cause potentially harmful interference with activities in the peaceful exploration and use of outer space, including the Moon and other celestial bodies, may request consultation concerning the activity or experiment."*

As a matter of fact, the eventual commercialization of natural resources, extracted from celestial bodies, can produce a relevant impact on international trade, affecting first and foremost the economies of emerging and developing nations, often very dependable on export of mineral commodities. Those States may have to wait a long time before they can engage in space resources activities, but they will probably be the ones feeling their global impact firsthand.

The relevance of multilateralism for international relations must not be taken for granted. Defined by Mônica HERZ and Andrea Ribeiro HOFFMAN as the coordination of relations among three or more States in accordance with a set of principles,[20] one may suggest that multilateralism is a fundamental characteristic of international organizations, without being limited or restricted to them.

In similar terms, Robert KEOHANE affirms that "*multilateralism can be defined as the practice of co-ordinating national policies in groups of three or more states, through ad hoc arrangements or by means of institutions*".[21]

Three major perspectives compose the multilateralism, in accordance with John RUGGIE:

(i) principles lead the coordination among States;
(ii) due to their indivisibility, those principles are applied to everyone, without distinction; and, finally,
(iii) diffuse reciprocity is favoured, in a broader perspective than mutual exchanges.[22]

James CAPORASO explains such particular features, clarifying that "*indivisibility can be thought of as the scope (both geographic and functional) over which costs and benefits are spread.* (...) *Generalized principles of conduct usually come in the form of norms exhorting general, if not universal, modes of relating to other states,* (...) *Diffuse reciprocity adjusts the utilitarian lenses for the long view, emphasizing that actors expect to benefit in the long run and over many issues, rather than every time on every issue.*"[23]

---

20 Mônica Herz and Andrea Ribeiro Hoffmann. *Organizações Internacionais: História e Práticas.* Rio de Janeiro, Brazil: Elsevier, 2004. p. 19. Also: Robert Keohane and Joseph S. Nye Jr.. *Power and Interdependence.* 4. ed. London, England: Longman, 2011.

21 Robert Keohane. "Multilateralism: an Agenda for Research". *International* Journal, 45, 8, 1990, p. 731.

22 John Ruggie. *Winning the Peace: America and World Order in the New Era.* Columbia, USA: Columbia University Press, 1998.

23 James Caporaso. "International Relations Theory and Multilateralism: The Search for Foundations", *in* John Ruggie (ed.). *Multilateralism Matters: The Theory and Praxis of an Institutional Form.* New York, USA: Columbia University Press, 1993. p. 53/54.

Multilateralism allows States, in international relations, to reduce coordination costs, while adding greater international legitimacy – indeed a major concern for democratic States –, thus serving as support for global governance.[24]

Nowadays, the difficulties certain international intergovernmental organizations are facing in a multipolar and fragmented world could be considered as denouncing a crisis in multilateralism. The development of multiple *ad hoc* arrangements to address significant areas of concern would prove that point.

Such reasoning should be taken with a grain of salt. Indeed, multilateralism is not permanently linked to international institutions, being even more effective in smaller, more harmonious groupings. After all, multilateralism is not a synonym of universalism.

Michael G. SCHECHTER explains that the latest criticism regarding multilateralism is, in fact, connected to the crisis of certain intergovernmental organisations, which have had to adapt themselves to major changes in the political landscape:

> *"Bilateralism and multilateral negotiations are not a thing of the past. Indeed, as we have seen, some governments prefer negotiating outside formal intergovernmental organizations; this includes some smaller and weaker states, those traditionally expected to be the biggest supporters of formal intergovernmental organizations, where the options for coalition building are omnipresent".*[25]

As well mentioned by Shepard FORMAN, one thing is for certain in our world: "*multilateralism is no longer a choice. It is a matter of necessity, and of fact.*"[26] The case in favour of multilateralism in the age of globalisation, where communities and nations are interconnected like never before, is stronger than ever, as recent economic and political emergencies so clearly certified.

Keeping things in perspective is always wise. A new pattern of multilateralism may very well be consolidating itself, more informal and more functional, concerned with practical mechanisms to tackle pressing issues of our times.

That emerging trend is marked by the protagonism played by other international actors, not only States and intergovernmental organizations, in rela-

---

24 In accordance with James Rosenau: "*Governance (...) is a more encompassing phenomenon than government. It embraces governmental institutions, but it also subsumes informal, non-governmental mechanisms whereby those persons and organizations within its purview move ahead, satisfy their needs, and fulfil their wants." Governance without Government: Order and Change in World Policts.* Cambridge, UK: Cambridge University Press, 1992. p. 4.

25 Michael G. Schechter, "Systemic Change, International Organizations and the Evolution of Multilateralism", *in* James P. Muldoon *et al. The New Dynamics of Multilateralism.* Philadelphia, USA: Westview Press, 2011. p. 39.

26 Shepard Forman. *Multilateralism and US Foreign Policy: Ambivalent Engagement.* London, UK: Lynne Rienner, 2002. p. 439.

tion to pressing issues. Venues for participation of the so-called "global civil society" have been opened, with profound impact on diplomacy.

John KEANE explains that the term global civil society *"refers to a vast, sprawling non-governmental constellation of many institutionalized structures, associations and networks, within which individuals and group actors are interrelated and functionally interdependent."* As such, he continues, *"global civil society is a highly complex ensemble of different sized, overlapping forms of structures social action."*[27]

Different diplomatic mechanisms may be used to achieve a common understanding between different nations. For instance, one should consider the so-called "minilateralism", which is marked by *ad hoc* efforts designed to break down complex issues into smaller ones. Minilateral cooperation is marked by informal and more targeted initiatives to address specific issues, involving a smaller number of participants aimed at producing concerted understandings and actions.[28]

In my opinion, the international regulation of space resource activities is a pressing issue of our times, justifying the application of a new pattern of multilateralism, towards the effective consolidation of an enabling and effective international framework.

III. The hague international space resources governance working group

multilateral arrangements may provide interesting venues for international negotiations, including those devoted to the study and development of an effective legal framework applicable to space activities, in parallel and in partnership with formal international intergovernmental organizations, as the United Nations.

In view of current initiatives to search, recover, extract and eventually trade abiotic resources found *in situ* in celestial bodies, with particular focus on minerals and water, no further justification of a cooperative endeavour of this nature should be required. Since the current legal framework seems rather insufficient to address novel legal concerns of all the parties involved, a broader perspective must be advanced, and diffuse interests included in the equation.

The Hague International Space Resources Governance Working Group (the Hague Working Group) was constituted in 2015 with a clear purpose: to verify the need for a regulatory framework regarding space resource activities and, subsequently, to discuss the foundations of a specific set of rules capable of sa-

---

27 John Keane. *Global Civil Society?* Cambridge, UK: Cambridge University Press, 2003. p. 11.

28 Aarshi Tirkey, "*Minilateralism: Weighing the Prospects for Cooperation and Governance*". ORF Issue Brief N. 489, September 2021, Observer Research Foundation.

feguarding public and private interesting, for the benefit of the international community as a whole.

Its origins can be traced back to round table on the Governance of Space Resources, convened by The Hague Institute for Global Justice on 1 December 2014:

> *"The round table was attended by industrial leaders, scientists, diplomats as well as political and legal experts from across the globe and served as a forum to discuss and propose solutions for the current lack of a legal framework for the use of space resources found on asteroids and other celestial bodies. The Hague Space Resources Governance Working Group has been established to support this process and promote its advancement, within a reasonable time frame and in accordance with international law".29*

The Hague Working Group considered the identification of building blocks for an international framework applicable to space resource activities, while providing recommendations for implementation strategies and forum negotiations.

Acting as a consortium of organisations of each continent, the Hague Working Group had, as leading partner, the Institute of Air and Space Law of Leiden University (the Netherlands). Other stakeholders were the University of Luxembourg (Luxembourg), the Catholic University of Santos (Brazil), the University of Melbourne (Australia), the Padjadjaran University (Indonesia), the University of Cape Town (South Africa), the Tenth to the Ninth Plus Foundation (USA), the Nishimura Institute for Advanced Legal Studies (Japan) and the Secure World Foundation (USA).

The multi-stakeholder project involved members and observers representing governments, international organizations, academia, industry and other actors of the mentioned global civil society in a qualified effort towards consideration of key regulatory aspects applicable to space resource activities. The total of members were limited to 35, to facilitate effective negotiations and deliberations, representing dozens of nations. Additionally, professionals and academics directly involving in space resources issues were welcomed as observers. A technical and a social-economic panels were also created, to advise the Hague Working Group.

Reunions, conducted through teleconferences and face-to-face meetings, advanced applicable considerations. The first face-to-face meeting happened on April 18-19 2016 at the Observatory of Leiden University. Those sessions lead to interesting discussions, reflecting multiple perspectives and concerns, with the purpose of multilaterally assessing the regulatory needs connected to space resources activities.

---

29 A/AC.105/C.2/2016/CRP.17.

The Hague Working Group concluded its mission in 2019, by formulating twenty building blocks for the development of an international framework for the governance of space resource activities. In its introductory provisions, it was clarified therein that such international framework should create an enabling environment for space resource activities that takes into account all interests and benefits all countries and humankind (Building Block 1).

Definition of key terms were provided regarding space resource, utilization of space resources, space resource activities, space object, space-made product and operator (Building Block 2). The scope of the effort was clarified to encompass States and intergovernmental organizations, considering space resource activities within the solar system (Building Block 3).

As far as principles were concerned, consistency with International Law was required, always following an adaptive governance approach. The contemplation of peaceful purposes, benefits and interests of all countries, avoidance of harmful interference and international cooperation were properly acknowledged (Building Block 4).

The international responsibility for space resource activities and jurisdiction over space products deserved a specific Building Block (number 5), covering authorization and supervision over those initiatives. Subsequently, jurisdiction and control over space-made products used in space resource activities were also addressed (Building Block 6).

The complex issue of priority rights was tackled by the Hague Working Group, clarifying that it should be attributed to an operator to search and/or recover space resources *in situ* for a maximum period of time and regarding a maximum area upon registration in an international registry (Building Block 7). In order to consolidate an effective framework, resource rights are to be mutually recognized between States (Building Block 8).

Due regard for corresponding interests of all countries and mankind, in accordance with Space Law, was considered (Building Block 9). By the same token, the avoidance and mitigation of potentially harmful impacts resulting from space resource activities deserved special attention, considering appropriate measures to employed taking into account the current state of technology (Building Block 10).

Technical standards for, prior review of, and safety zones around space resource activities required extensive discussions. The Hague Working Group accorded that safety zones, or other area-based safety measures, may be established to assure safety and to avoid any harmful interference with a space resource activity (Building Block 11). The monitoring and redressing of harmful impacts resulting from space resource activities were studied, including response measures and adaptive management (Building Block 12).

Benefit sharing mechanisms related to benefits arising out of the utilization of space resources were identified as including, but not being limited to, development of space science and technology; development of relevant and appropriate capabilities; cooperation and contribution in education and training; access to and exchange of information; incentivization of joint ventures; exchange of expertise and technology; and establishment of a voluntary international fund. It was accorded that the international framework should not require compulsory monetary benefit-sharing (Building Block 13).

Registration and sharing of information were deemed as fundamental to space resource activities (Building Block 14), as well as provision of assistance in case of distress (Building Block 15). Liability in case of damage resulting from space resource activities was contemplated in accordance with the international treaty framework (Building Block 16). Visits relating to space resource activities deserved specific consideration (Building Block 17).

Regarding institution arrangements, the Working Group concluded in favour of the establishment and maintenance of a public available international registry for priority rights and, additionally, of an international database, including notifications, information, best practices and list of sites of scientific interest (Building Block 18).

Amicable resolution of disputes was encouraged, adopting for example the Permanent Court of Arbitration (PCA) 2011 Optional Rules for space-related disputes (Building Block 19). Finally, monitoring and review mechanisms were considered, applying the principle of adaptive governance (Building Block 20).

The intention guiding the members of the Hague Working Group was to offer a valuable contribution to the international community on its subject matter. For such an end, a Commentary was also prepared,[30] designed to clarify the content of each Building Block, duly reflecting agreed provisions and suggestions while offering additional information. The Commentary entries identify the related legal basis of the provisions under consideration, considering primary sources of law. Alternatives discussed during the many sessions of the Working Group were also acknowledged.

The delegations from Luxembourg and the Netherlands submitted the Commentary as a conference room paper to contribute to UNCOPUOS discussions on space resource activities in 2022, offering relevant information about the outcomes and results achieved by the Hague Working Group.[31]

---

30 Olavo de O. Bittencourt Neto, Mahulena Hofmann, Tanja Masson-Zwaan and Dimitra Stefoudi (eds.) *Building Blocks for the Development of an International Framework for the Governance of Space Resource Activities: A Commentary*. The Hague: Eleven, 2020.

31 Available at : <https://www.unoosa.org/res/oosadoc/data/documents/2022/aac_105c_22022crp/aac_105c_22022crp_23_0_html/AAC105_C2_2022_CRP23E.pdf>, accessed on 30 May 2022.

IV. Concluding remarks

the current legal framework, regarding space resource activities, is insufficient to provide effective regulatory solutions to the international community. Faced with increasing private interest over the riches of outer space, some States have started to conceive domestic legislation to assure the feasibility and legality of those activities. Distinct interpretations of core principles of the Outer Space Treaty, by scholars and governments, show that a new phase of international negotiations are of the order, to advance legal certainty and thus avoid conflicts.

Since outer space represents a global commons, free from any form of national appropriation, space resource activities shall be conducted in accordance with International Law. To such end, the Hague Working Group adopted the Building Blocks for the Development of an International Framework for the Governance of Space Resource Activities in 2019.

A new round of multilateral dialogues is now required, including at the United Nations, identifying the legal rules applicable to space resources activities, in order to avoid dangerous and complex disputes in the near future.

Multilateralism is a necessity of our times, and it should be conducted beyond State-centered restrictions. Multi-stakeholder debates shall benefit from the participation of not only governments and intergovernmental organizations, but also of members of the global civil society. Indeed, industries, universities and research centers can provide relavant perspectives, interconnected to governmental concerns and instrumental to furtherance of Space Law.

Only by understanding the different interests on the table it may be possible to draft an innovative international legal regime, capable of assuring a sustainable access to the vast natural treasures of the Cosmos.

9.

DIREITO GLOBAL DA SAÚDE

Verônica Scriptore Freire e Almeida
Daniel Freire e Almeida

Introdução

O estado de bem-estar social, mental e físico, e a inocorrência de doença ou enfermidade, é a basilar definição global para um ser humano possuir saúde.

Com efeito, a saúde é uma busca inerente a qualquer pessoa em solo terrestre, ensejando descobertas, tratamentos, regulações e soluções.

Ressalta-se, contudo, que as pessoas passaram a confrontar situações desafiadoras de saúde em âmbito global, ao mesmo tempo, exemplificadas pela disseminação da covid-19 em todo o planeta.

De fato, pela primeira vez, a humanidade enfrentou doença única, em momento contemporâneo, com as similares necessidades e desafios.

Logo, o exame do presente tópico visa, particularmente, enfocar os desafios hodiernos da saúde global, em especial alavancados pelo surgimento e alastramento do novo coronavírus.

Em sede seguinte, traçar linhas contributivas para a construção do Direito Global da Saúde.

Assim como as condições para a plena saúde de uma pessoa são similares, as doenças globais, como a covid-19, apresentam certas características que nos unem em torno do mesmo problema, e da busca por iguais soluções.

A integração vivenciada atualmente, resultado dos fluxos de circulação aeroviários, marítimos e terrestres globais, em velocidade impressionante, com números crescentes, traz importantes benefícios e oportunidades. Entretanto, demonstram, igualmente, que a disseminação global e rápida de doenças é uma realidade deste momento da história humana.

Neste sentido, tratar as enfermidades como problemas locais, e tão somente, pode repercutir novos contextos de multiplicação de doenças, com variantes e consequências que ensejam soluções globais.

Em decorrência, o Direito, tradicionalmente localizado, com suas normas limitadas em termos de fronteiras, encontra desafios globais como a covid-19.

Tais condições, desde já, levantam indagações acerca das respostas jurídicas efetivas para estes inovadores imbróglios.

Percebemos, muito claramente, que após mais de sete milhões de mortes, e de impactos brutais sociais e econômicos, que nossos atuais meios de confronto aos problemas de saúde globais não foram suficientes.

Posto tudo isso, introdutoriamente, insta destacar, então, que buscaremos no presente capítulo, apresentar certos desafios de saúde global que justificam a construção de um Direito Global da Saúde, mais conveniente para o futuro da saúde universal.

1. Desafios da Saúde Global

A busca por padrões qualitativos de saúde humana globais contribuiu, historicamente, para criação e elaboração da carta constitutiva da Organização Mundial da Saúde (1946). Com efeito, dezenas de países passaram a buscar níveis mais elevados de saúde para todos os povos do planeta.

O dealbar de critérios para a construção de novos patamares para a saúde global definiu novos rumos, integradores e direcionadores, nas questões sanitárias internacionais.

É de se lembrar nesse ponto, que situações de maior ameaça acabaram por impulsionar iniciativas no segmento sanitário. Isto porque, surtos de doenças trouxeram devastações significativas, alterando o curso da história e, por vezes, sinalizando que medidas efetivas deveriam ser tomadas.

Inicialmente, insta destacar-se que existem relatos de epidemias desde 3.000 anos antes de Cristo, como a Circa (China), ou a Praga de Atenas (Grécia), em 430 (a.C.). Nesta linha, as Américas também tiveram suas disseminações, trazidas por exploradores europeus. Diversas doenças, incluindo a varíola, contribuíram para o colapso gradual das civilizações Inca e Asteca, por exemplo. O Hemisfério norte também sofreu com a grande Praga de Londres (1665-1666), a grande Praga de Marseille (1720-1723), e a Praga Russa (1770-1772).

Mais à frente, com um impacto ainda maior, a era industrial moderna conheceu a disseminação da Gripe pandémica de 1889, iniciando os contágios a partir da Rússia e culminando com mais de 1 milhão de mortes.

É sob tal contexto, então, que algumas das piores epidemias e pandemias da história condenaram civilizações inteiras e derrubaram nações outrora poderosas, culminando na morte de milhões de pessoas.

As experiências drásticas e impactantes, levaram a medidas sanitárias como as quarentenas na circulação de pessoas em todo o mundo, os denominados “minute check” aquando da chegada de estrangeiros em um país, e graças avanços científicos permitiram minimizar muitos riscos enfrentados ao longo da história.

Neste passo, mais recentemente, em janeiro de 2020, a Organização Mundial da Saúde-OMS apresentou os mais importantes desafios globais da saúde a serem enfrentados na presente década[1].

Neste sentido, os treze desafios da saúde para estes dez anos, entre 2020 e 2030, seriam, na perspectiva da OMS[2]:

> "*1 – Ressaltar a saúde no debate climático*
> *2 – Levar saúde nas áreas de conflitos e crises*
> *3 – Tornar o acesso a saúde mais justo*
> *4 – Expandir o acesso a remédios*
> *5 – Parar as doenças infecciosas*
> *6 – Preparar-se para epidemias*
> *7 – Proteger a população de produtos perigosos*
> *8 – Investir naqueles que defendem nossa saúde*
> *9 – Manter os adolescentes seguros*
> *10 – Ganhar a confiança pública*
> *11 – Aproveitar as novas tecnologias*
> *12 – Proteger os remédios assim como eles nos protegem*
> *13 – Manter limpeza nos cuidados com a saúde*"

Por necessário resumo a esse ponto de exame, a Organização Mundial da Saúde enfatizou tópicos considerados complexos na saúde dos seres humanos em nível global.

Conforme os ditames da organização, os desafios passam pela limpeza do ar, pelo acesso à saúde nas áreas de crises, de forma igualitária, pelo amplo acesso aos remédios, vacinas e tratamentos, e pela busca da extinção de doenças infecciosas como a Aids, a tuberculose, hepatites virais, malária, doenças tropicais negligenciadas e infecções sexualmente transmissíveis.

Na mesma esteira, a OMS não deixou de considerar a necessidade de prevenção, resposta e superação de epidemias. Muito embora não se imaginasse o que estaria por vir, a organização tinha conhecimento de dificuldades neste segmento.

Em continuidade, a organização também ressaltou a busca pela proteção da população em relação a produtos perigosos, pelo investimento necessário aos profissionais e ambientes da saúde, pela manutenção saudável dos jovens contra desafios como acidentes de trânsito, drogas, álcool, tabaco, HIV, suicídio, infecções respiratórias, e violência.

---

1 *Vide* CARUSO, Catherine. These Are the 13 Most Pressing Global Health Issues This Decade. Disponível em: https://www.globalcitizen.org/en/content/most-urgent-health-challenges-for-the-2020s/ , Acesso em: 10.04.2022.

2 *Cfr.* WORLD HEALTH ORGANIZATION- WHO. Urgent health challenges for the next decade. Disponível em: https://www.who.int/news-room/photo-story/photo-story-detail/urgent-health-challenges-for-the-next-decade , Acesso em 20.04.2022.

Em contexto mais moderno, a OMS alertou sobre a disseminação e ignorante adesão às *fake news* na área da saúde, pela fundamental utilização das novas tecnologias para prevenir diagnosticar e vencer diversas doenças, pelo acesso a medicamentos de qualidade, pela água potável, saneamento, higiene, prevenção e controle de infecções, e pela limpeza, desinfecção e acesso universal a serviços sanitários adequados[3].

Em síntese e como se observa claramente, está a constatação, dentre outras não menos importantes, de que as questões da saúde preocupam a todos os povos, em todos os países, sendo de perspectiva global.

Não obstante a menção explícita a respeito da preparação para epidemias por parte da OMS, bem como dos treze relevantes imbróglios levantados pela organização, o novo coronavírus foi o desafio que assumiu o protagonismo das preocupações humanas a partir de 2020.

Em verdade, a Covid-19 passou a ser o maior problema de saúde global enfrentado pela humanidade.

A corroborar com esse raciocínio, está o fato de que as características do novo coronavírus surpreenderam, e vem surpreendendo, todo o globo. Para além das mortes e sequelas, há uma constante alteração de condições, com diversas ondas, trazendo insegurança e dificultando o enfrentamento da pandemia de forma efetiva e global.

Por sua vez, muitas decisões tomadas por governantes, em diversas partes do mundo, variavam significativamente, ora determinando medidas de abertura social, ora recuando com regras restritivas. A seu turno, profissionais da saúde, mais desavisados, circularam e fizeram circular mensagens digitais que ganhavam enorme repercussão, informando (ou desinformando) a população com conhecimentos vagos a respeito do que enfrentávamos. Em alguns casos, minimizando a Covid-19 e suas repercussões.

Posteriormente, com nova roupagem, alertavam para os desafios iminentes, e sobre os primeiros protocolos a serem realizados. Igualmente, informações sobre a imunidade para aqueles já infectados, passaram a ser desmentidas pelos registros de reinfecção, espantando as iniciais informações acerca do novo coronavírus.

Outro ponto importante a ser arrematado dentro dos treze pontos alertados pela Organização Mundial da Saúde em janeiro de 2020, diz respeito ao desafio para levar a saúde para áreas de crise, como as favelas, por exemplo. O acesso à saúde, desde o atendimento mais básico, até os equipamentos necessários em tratamentos, os medicamentos, os insumos, entre outros aparatos tornam o problema da Covid-19 uma ameaça maior aos mais necessitados, como se evidenciou na Índia e no Brasil. Para piorar ainda mais o cenário, milhares de pessoas, que vivem em áreas de complexidade social, continuaram

3 *Cfr.* WORLD HEALTH ORGANIZATION- WHO. Urgent health challenges for the next decade. Disponível em: https://www.who.int/news-room/photo-story/photo-story-detail/urgent-health-challenges-for-the-next-decade , Acesso em 20.04.2022.

em trabalho normal atendendo a segmentos essenciais da sociedade, com riscos evidentes.

De sua parte, a questão da preparação para epidemias é, de fato, um problema global. Contudo, em algumas regiões como o Brasil, o desafio pareceu maior. Mesmo com uma certa antecipação das situações que se aproximavam, em virtude das experiências assistidas de outros países, como a China, os Estados Unidos da América, a Itália e a Espanha, algumas autoridades locais conseguiram transparecer que os riscos não eram tão graves assim, mesmo após o aumento de mortes. A este respeito, aliás, fora o alerta da OMS, de notícias falsas na área da saúde. Entretanto, a Organização não imaginava que pudesse ser disseminada por representantes estatais. Mais complicada foi se tornando a situação, na medida em que setores afetados economicamente pela pandemia pressionavam pela abertura das atividades, sem, de fato, respeitar os protocolos sanitários a respeito.

Com efeito, por mais de dois anos, o mundo em geral vem encarando as diferentes repercussões da Covid-19. Nesta linha, elencamos, hierarquicamente, impactos brutais sendo recepcionados globalmente na seara da saúde, da economia, e do direito.

Em primeiro lugar, no setor da saúde global, o cenário é emergencial. A humanidade acumula mais de sete milhões de mortes originadas pelo novo coronavírus, trazendo consequências profundas para pessoas e famílias em todo o mundo. Núcleos familiares foram destroçados, em todas as partes, repercutindo em mais desafios sociais. A seu turno, milhares de crianças e adolescentes perderam seus pais, ou um deles, com implicações que serão sentidas nos próximos anos e décadas.

Os problemas humanos também são afetados pelo enorme número de infecções pelo novo coronavírus, com suas diferentes variantes, ultrapassando mais de seiscentos milhões de casos no planeta. Para além da disseminação, os contaminados têm sofrido as sequelas da Covid-19, com tratamentos prolongados, com a utilização de medicamentos, equipamentos, insumos e necessidades hospitalares crescentes envolvendo leitos, complexos hospitalares e profissionais de saúde especializados.

Sobre este ponto, a maioria dos sobreviventes de uma admissão hospitalar com Covid-19 não fica totalmente recuperada mesmo após cinco meses da infecção, com substancial impacto na saúde física e mental, bem como no exercício laboral. Estudiosos destacam a necessidade de uma abordagem proativa para o acompanhamento clínico, com uma avaliação holística para incluir sintomas de saúde mental e física, com amplo acesso aos serviços hospitalares (EVANS et al, 2021, p. 1-40).

Assim, a pressão sobre os sistemas públicos e particulares de saúde, em todas as partes do mundo, são percebidos, com aumento expressivo de cuidados e recursos destinados ao tratamento e reabilitação da Covid-19. Em consequência, outras doenças deixaram de ser tratadas, gerando mais mortes, enfermidades e sequelas.

Em resposta a tal problemática, entidades tem buscado manter sua atenção para outras emergências sanitárias, como destaca a UNICEF (2021), nestas palavras:

> *Despite the intense pressure on staff and systems and unprecedented disruptions to global freight networks in 2020, UNICEF maintained its regular supply operations for children and continued responding to ongoing, concurrent emergencies, beyond COVID-19. Working with governments, partners and suppliers, UNICEF reached children and communities affected by protracted conflicts, displacement and outbreaks with the supplies they need to survive and recover throughout the year.*

Igualmente neste segmento, da saúde global, devemos destacar a dificuldade dos sistemas de saúde, em todo o planeta, em responder adequadamente aos desafios impostos pelo enorme número de infectados. Colapsos do sistema de saúde foram evidenciados em diferentes partes do mundo, incluindo países desenvolvidos. No caso brasileiro, a cidade de Manaus exemplificou as dificuldades encontradas, com falta de leitos de UTI, falta de equipamentos, em especial os respiradores, falta de oxigênio, e de profissionais qualificados para as atividades exigidas (MÉDECINS SANS FRONTIÈRES, 2021).

Em segundo plano, os impactos econômicos foram e continuam a ser brutais. Muito embora consideremos que a primazia pela busca da superação da crise na saúde deva ser reforçada, e colocada em primeiro plano, não podemos deixar de considerar que a diminuição da atividade econômica desencadeou um cenário de dificuldades globais. Inicialmente verificada na China, com o fechamento de todo o segmento econômico, objetivando diminuir a disseminação do novo coronavírus, o país absorveu uma diminuição de seu PIB, levando o mundo a sentir as primeiras repercussões econômicas, em virtude da interdependência de todos os seus parceiros comerciais globais. Não demorou para que a disseminação fosse global, com a retração econômica internacional evidenciada (WORLD BANK, 2020).

Nesta ordem, o mundo passou a enfrentar o desemprego crescente em todos os setores, em especial na indústria e nos serviços que exigiam a presença dos trabalhadores. As reduções salariais e o constante aumento de preços, diminuiu a capacidade de compra e aquisição de grande parte da população global. Milhares de fechamentos de empresas, levando a recuperações judiciais e falências, vêm sendo constantes. Para responder a estes desafios, governos em todo o mundo, com abordagens diferentes, buscaram apresentar planos de recuperação econômica para minimizar os efeitos socioeconômicos advindos da Covid-19 (INTERNATIONAL MONETARY FUND, 2021).

Nesta linha, os auxílios governamentais também foram díspares, encontrando maior relevância nos Estados Unidos da América, no Reino Unido e na União Europeia. No caso brasileiro, as ajudas governamentais têm sido tardias e insuficientes. Em outras palavras, os auxílios, de fato, por serem irrisórios, levaram ao prosseguimento da circulação de pessoas, ávidas pela manutenção ou mesmo busca por recursos econômicos para sobrevivência, já que os auxílios emergenciais não são suficientes para a completa paralisação das atividades de uma família, culminando em mais casos e mais mortes.

Para além deste ponto, a pressão constante de diversos segmentos comerciais pela abertura econômica da sociedade, desencadeou aberturas e fechamentos sucessivos, com casos sendo registrados. As restrições, também, culminaram em quebras nas cadeias de suprimentos em todos os segmentos, localidades e setores econômicos. Com isso, a diminuição das ofertas elevou a inflação, com índices econômicos em patamares sem precedentes.

Em terceiro plano, o segmento jurídico passou a enfrentar desafios com a provocação dos sistemas judiciários para responder a ações individuais, coletivas, governamentais e políticas. As razões passam pela necessidade de limitações individuais e coletivas, pelas restrições de dias e horários para aberturas e fechamentos comerciais, pelas limitações de circulação locais, regionais, nacionais e internacionais, pelas responsabilidades individuais no uso de máscaras de proteção para evitar as disseminações da Covid-19, pelas responsabilidades públicas pela ausência de planos eficazes, ou mesmo de planos para conter e superar o novo coronavírus.

No mesmo sentido, questões envolvendo a aquisição de insumos e equipamentos de tratamento médico e hospitalar foram evidenciadas, a luta pelas vagas em leitos e em UTIs, a corrupção que é relatada constantemente, as mortes, as sequelas, e os casos que levam a afastamentos laborais, entre outros tópicos.

Neste contexto jurídico, não podemos olvidar a lentidão, bem como a complexidade que envolveu a resposta vacinal, em geral no mundo, em especial no Brasil. Isto porque, no Brasil as campanhas nacionais vacinais, a *contrario sensu*, foram relegadas a última ordem, com menções constantes no cenário político pela "insegurança" técnica da vacina. Isto tudo, sem mencionar a eventual responsabilidade internacional daí advinda, pela oferta de vacinas a conta gotas que levou a milhares de mortes, por razão das postergações, e que poderiam ser evitadas. Alternativamente, no cenário nacional, observamos direcionamentos imperdoáveis pela defesa e propaganda a tratamentos ineficientes contra a Covid-19, como vermífugos, como o denominado tratamento precoce, o "kit Covid", e a hidroxicloroquina.

Sobre este ponto, vale referenciar que, desde 17 de Junho de 2020, um ponto que poderia desmistificar a questão no Brasil sobre os tratamentos com a hidroxicloroquina foi anunciado pela OMS. Segundo o "Solidarity Trial", evidências determinaram a interrupção da utilização da hidroxicloroquina como tratamento eficaz da Covid-19. Segundo o Grupo, a decisão foi baseada em evidências randomizadas em larga escala de estudos, bem como uma revisão das evidências publicadas disponíveis de outras fontes, que mostraram que a hidroxicloroquina "não reduziu a mortalidade para pacientes com COVID-19 hospitalizados" (WORLD HEALTH ORGANIZATION, 2020).

Ainda no contexto jurídico, outros tópicos têm provocado o judiciário como o imbróglio envolvendo a renovação e a reforma de contratos privados em virtude de os índices econômicos atingirem patamares elevadíssimos. Igualmente, foram relatadas demissões, mesmo após as empresas receberam ajudas governamentais, e imposições a riscos sanitários trabalhistas pela pressão ao retorno das atividades laborais em condições que colocavam em risco os colaboradores e públicos envolvidos.

Por tudo quanto vislumbrado, a verdade é que o planeta, ao mesmo tempo, enfrenta o maior desafio de saúde de nossa história recente.

Após mais de 700 milhões de casos, e mais de 7.000.000 de mortes em todo o globo, o enfrentamento de desafios globais da saúde passa a ser decisivo e determinante.

Nunca anteriormente, a humanidade precisou confrontar, ao mesmo tempo, e de forma tão profunda, o mesmo desafio global, como agora com o coronavírus.

Na mesma ordem de ideias, quaisquer que sejam os protocolos de segurança, os padrões a serem seguidos, os níveis de saúde a serem atingidos, os tratamentos eficazes, as possíveis saídas, as fundamentais variações de vacinas, as diferentes práticas de um país ou região, ou de novos modelos jurídicos, uma verdade emergirá: o Direito à Saúde é global, e novos quadros jurídicos globais devem ser construídos para enfrentamento dos futuros desafios.

2. A Construção do Direito Global da Saúde

As inovadoras experiências vivenciadas pelos países em relação ao alastramento do novo coronavírus, trouxeram o aprendizado de que precisamos de respostas, tratamentos, vacinas, em perspectiva global.

Um único país, por mais poderoso que acredite ser, não consegue, efetivamente, responder aos novos problemas sanitários globais.

A disseminação de quaisquer aspectos da saúde humana é, hoje, global. Isto porque os meios de integração, representados pelos modais disponíveis (trem, avião, automóvel, navio) tornam o mundo um só.

Consequentemente, as saídas jurídicas da saúde devem ser construídas de forma global.

Perceba-se, nesse passo, que desde os primórdios da constituição da Organização Mundial da Saúde são impulsionados esforços pela constatação de que a saúde dos seres humanos é um Direito de todas as pessoas, a ser atingido de forma universal. De fato, na elaboração da Carta da organização, dezenas de países consentiram pela busca do nível mais elevado de saúde para todos os povos do planeta (artigo 1)[4].

Para corroborar tais desideratos, no enfrentamento de referidas questões sanitárias, instrumentos jurídicos internacionais procuraram estabelecer as bases para um futuro promissor para a humanidade, consubstanciados por tratados internacionais, programas cooperativos de trabalho, standards de metas, alertas, estudos comparativos, protocolos internacionais de segurança e, principalmente, integração global com vistas a superar as adversidades.

Deste modo, pode-se dizer que, desde 1893, são direcionados esforços no reconhecimento de que a área da saúde possui uma perspectiva global, justificando a construção de um Direito Global da Saúde.

Nesta linha, podemos citar um amplo arcabouço legal elencando tratados internacionais e resoluções na área da Saúde[5], como as Convenções Sanitárias Internacionais (1892, 1893, 1894, 1897, 1903, 1912, 1926, 1938, 1944, 1946, 1951), o Acordo de Bruxelas para tratamento gratuito de doenças venéreas em marinheiros mercantes (1924), a Convenção Sanitária Internacional para Navegação Aérea (1933, 1944), Convenção Internacional de Proteção Mútua Contra a Dengue (1934), a Carta constitutiva da Organização Mundial da Saúde (1946), os Regulamentos Sanitários Internacionais (1969, 2005), a Convenção sobre Armas Biológicas (1972), a Convenção da Basileia sobre Movimentos Transfronteiriços de Resíduos Perigosos (1989), a Convenção sobre Armas Químicas (1993), o Acordo da Organização Mundial do Comércio sobre a Aplicação de Medidas Sanitárias e Fitossanitárias (1994), a Convenção sobre a Proibição de Minas Antipessoal e sua Destruição (1997), a Convenção de Roterdã sobre Produtos Químicos e Pesticidas Perigosos no Comércio Internacional (1998), o Protocolo de Cartagena sobre Biossegurança à Convenção sobre Diversidade Biológica (2000), a Declaração do Milênio das Nações Unidas (Resolução aprovada pela Assembleia Geral. A/RES/55/2, de 2000), a Convenção de Estocolmo sobre Poluentes Orgânicos Persistentes (2001), a Convenção-Quadro da Organização Mundial da Saúde sobre Controle do Tabaco (2003), a Convenção das Nações Unidas sobre os Direitos das Pessoas com Deficiência (2007), a Convenção de Minamata sobre Mercúrio (2013), e a Agenda 2030 para o Desenvolvimento Sustentável (Resolução adotada pela Assembleia Geral em 2015).

Oportuno, mencionar aqui, que a histórica lista permite afirmar que os países compartilham a ideia de que problemas de saúde envolvendo diversos países, ensejam atitudes coordenadas globais, levando a maiores chances de resolução e implementação na superação dos desafios.

Nas palavras de HOFFMAN, RØTTINGEN & FRENK (2015), quatro critérios devem guiar normas internacionais da saúde. Em primeiro lugar, a ve-

4 *Cfr.* WORLD HEALTH ORGANIZATION. Basic documents: forty-ninth edition (including amendments adopted up to 31 May 2019). Geneva: World Health Organization, 2020.

5 Baseado em HOFFMAN, Steven J., RØTTINGEN, John-Arne, FRENK, Julio. Assessing Proposals for New Global Health Treaties: An Analytic Framework. American Journal of Public Health, August 2015, Vol 105, No. 8, p. 1524.

rificação sobre a natureza do problema. Em segundo, a natureza da solução. Em terceiro, a natureza do resultado provável. O último ponto é a natureza de implementação[6].

Neste sentido, utilizando as referências acima indicadas, problemas de saúde que possuem uma dimensão transnacional significativa, envolvendo vários países, transcendendo as fronteiras nacionais e transferindo riscos de danos ou benefícios entre os países, cobrem o primeiro critério.

Neste passo, para o segundo ponto (solução), pode-se encontrar alinhamento quando aborda desafios multilaterais que não podem ser enfrentados praticamente por um único país sozinho, buscando resolver problemas de ação coletiva. Esta perspectiva é de melhor técnica jurídica quando os benefícios são acumulados para **múltiplos países**, que coordenam suas respostas ou promovem normas superordenadas que incorporam a humanidade e refletem valores quase universais. Para nós, daí surge a fundamentação basilar da necessidade de um Direito Global da Saúde.

Em adição, sobre o terceiro critério (resultado), como já antes sinalizado, é o mesmo encontrado quando há chance razoável de se obter benefícios globais, incentivando aqueles com poder de ação, institucionalizando mecanismos de responsabilização projetados para tornar as regras realidade, e ativando grupos de interesse para defender sua plena implementação. Adentram aí, no cenário da saúde, as empresas internacionais, os grupos de interesse, as organizações não governamentais, os pesquisadores. Todos, pois revestindo a figura dos novos atores internacionais.

Por fim, o quarto ponto é representado pela implementação, objetivando-se o melhor mecanismo de compromisso, projetando-se para a obtenção do maior benefício com acordos internacionais[7].

Acreditamos que, hodiernamente, reunimos as condições necessárias para a implementação de um Direito Global da Saúde. Possuímos desafios globais. Temos um histórico de instrumentos jurídicos internacionais na seara da saúde, com a possibilidade de construirmos novos quadros legais globais. Necessitamos de resultados globais para pleno atingimento de padrões globais da saúde. E a implementação dos mecanismos estabelecidos precisa ser executada de forma global.

É neste mesmo sentido, a nova Agenda 2030 para o Desenvolvimento Sustentável Global. Este novo quadro, em verdade, é um distintivo plano de ação para as pessoas, para o planeta e para a prosperidade. Do mesmo modo, busca fortalecer e direcionar os caminhos para o desenvolvimento do planeta nas próximas décadas.

---

6 *Cfr.* HOFFMAN, Steven J., RØTTINGEN, John-Arne, FRENK, Julio. Assessing Proposals for New Global Health Treaties: An Analytic Framework. American Journal of Public Health, August 2015, Vol 105, No. 8, p. 1527.

7 *Cfr.* HOFFMAN, Steven J., RØTTINGEN, John-Arne, FRENK, Julio. Assessing Proposals for New Global Health Treaties: An Analytic Framework. American Journal of Public Health, August 2015, Vol 105, No. 8, p. 1527.

Nesse contexto, então, devemos mencionar, que todos os países e todas as partes interessadas, atuando em parceria colaborativa, buscam, cada qual em sua velocidade, implementar este plano de metas da ONU. Nesta linha, muito bem exprime a ideia CALLIESS e MAURER (2014) que discorrem sobre a Agenda Global 2030 como uma das "questões mais urgentes", revelando como a política pode ser traduzida em um espaço jurídico transnacional na forma de um estabelecimento de metas que é voltado para promover o bem comum[8].

Dentro deste contexto, contudo, embora exista amplo consenso entre os representantes dos países membros da Organização das Nações Unidas sobre a necessidade de implementação dos tópicos meritórios delineados pela Agenda Global para 2030, nos termos do artigo 10 da Carta das ONU, a Resolução 70/1 é, ao fim e ao cabo, uma recomendação geral. Logo, mais do que um compromisso formal, fundamentado no Direito Internacional, a referida Resolução demonstra que os ideais baseados na positiva consciência universal, de base natural, podem contribuir, também, no direcionamento do planeta.

Isso importa, substancialmente, para sinalizar, então, que o Direito Global da Saúde, aqui defendido, com seus novos instrumentos, começa a nortear as atitudes dos países na conformação de interesses globais recíprocos e fundamentais para o futuro da humanidade.

No âmbito que concerne ao presente capítulo, o Objetivo 3, busca assegurar uma vida saudável e promover o bem-estar para todos, em todas as idades[9].

Em importante ponteamento a respeito, salienta-se que, do enraizamento das metas de desenvolvimento sustentável dentro do sistema global, brotam os elementos centrais para a busca, para o direcionamento, para a coordenação, para a constante mensurabilidade dos ODS com indicadores padronizados globais, e para o final atingimento de objetivos globais satisfatórios[10].

Em conformidade com o alisado, o futuro do Direito Global da Saúde passa, necessariamente, pela implementação dos objetivos de desenvolvimento sustentável da ONU, em especial, o objetivo de nº 03.

No entanto, a promoção de uma vida saudável encontra obstáculos atuais, brutais e impactantes, como a Covid-19, que acabam por relembrar que, com efeito, a saúde é um valor de prioridade máxima, universal, merecedora de políticas públicas eficazes por parte dos países. Por conseguinte, o desafio torna-se primordial e decisivo.

---

8 *Vide* CALLIESS, Gralf-Peter, MAURER, Andreas. Transnationales Recht – eine Einleitung, in: CALLIESS, Gralf-Peter (Org). Transnationales Recht, Stand und Perspektiven. Tübingen: Mohr Siebeck, 2014, p. 33.

9 *Cfr.* UNITED NATIONS. Transforming our world: the 2030 Agenda for Sustainable Development. Resolution adopted by the General Assembly on 25 September 2015. A/RES/70/1. New York: United Nations, 2015, p. 16.

10 *Vide* OLALEKAN, Raimi Morufu et al. A Critical Review of Health Impact Assessment: Towards Strengthening the Knowledge of Decision Makers Understand Sustainable Development Goals in the Twenty-First Century: Necessity Today; Essentiality Tomorrow. Research and Advances: Environmental Sciences, 2020 (1), p. 72-84.

Em razão disso, de acordo com a Organização das Nações unidas, o Objetivo de nº 03 apresenta 9 alvos (targets) a serem implementados[11].

Essencialmente, destaca-se que, o mundo deve buscar assegurar sociedades inclusivas nos diferentes aspectos da saúde, em especial diminuindo a mortalidade materna e infantil, acabando com as epidemias, reduzindo a mortalidade prematura por doenças não transmissíveis, reforçando a prevenção e o tratamento no abuso de substâncias nocivas, como as drogas, reduzindo as mortes globais por acidentes em estradas, assegurando o acesso universal aos serviços de saúde sexual e reprodutiva, atingindo a cobertura universal

---

11 "Objetivo 3. Assegurar uma vida saudável e promover o bem-estar para todos, em todas as idades.
3.1 Até 2030, reduzir a taxa de mortalidade materna global para menos de 70 mortes por 100.000 nascidos vivos.
3.2 Até 2030, acabar com as mortes evitáveis de recém-nascidos e crianças menores de 5 anos, com todos os países objetivando reduzir a mortalidade neonatal para pelo menos 12 por 1.000 nascidos vivos e a mortalidade de crianças menores de 5 anos para pelo menos 25 por 1.000 nascidos vivos.
3.3 Até 2030, acabar com as epidemias de AIDS, tuberculose, malária e doenças tropicais negligenciadas, e combater a hepatite, doenças transmitidas pela água, e outras doenças transmissíveis.
3.4 Até 2030, reduzir em um terço a mortalidade prematura por doenças não transmissíveis via prevenção e tratamento, e promover a saúde mental e o bem-estar.
3.5 Reforçar a prevenção e o tratamento do abuso de substâncias, incluindo o abuso de drogas entorpecentes e uso nocivo do álcool.
3.6 Até 2020, reduzir pela metade as mortes e os ferimentos globais por acidentes em estradas.
3.7 Até 2030, assegurar o acesso universal aos serviços de saúde sexual e reprodutiva, incluindo o planejamento familiar, informação e educação, bem como a integração da saúde reprodutiva em estratégias e programas nacionais.
3.8 Atingir a cobertura universal de saúde, incluindo a proteção do risco financeiro, o acesso a serviços de saúde essenciais de qualidade e o acesso a medicamentos e vacinas essenciais seguros, eficazes, de qualidade e a preços acessíveis para todos.
3.9 Até 2030, reduzir substancialmente o número de mortes e doenças por produtos químicos perigosos, contaminação e poluição do ar e água do solo.
3.a Fortalecer a implementação da Convenção-Quadro para o Controle do Tabaco em todos os países, conforme apropriado.
3.b Apoiar a pesquisa e o desenvolvimento de vacinas e medicamentos para as doenças transmissíveis e não transmissíveis, que afetam principalmente os países em desenvolvimento, proporcionar o acesso a medicamentos e vacinas essenciais a preços acessíveis, de acordo com a Declaração de Doha, que afirma o direito dos países em desenvolvimento de utilizarem plenamente as disposições do acordo TRIPS sobre flexibilidades para proteger a saúde pública e, em particular, proporcionar o acesso a medicamentos para todos.
3.c Aumentar substancialmente o financiamento da saúde e o recrutamento, desenvolvimento e formação, e retenção do pessoal de saúde nos países em desenvolvimento, especialmente nos países menos desenvolvidos e nos pequenos Estados insulares em desenvolvimento.
3.d Reforçar a capacidade de todos os países, particularmente os países em desenvolvimento, para o alerta precoce, redução de riscos e gerenciamento de riscos nacionais e globais de saúde" *Cfr.* UNITED NATIONS. Transforming our world: the 2030 Agenda for Sustainable Development. Resolution adopted by the General Assembly on 25 September 2015. A/RES/70/1. New York: United Nations, 2015, p. 16/17.

de saúde, reduzindo as mortes por produtos químicos perigosos, controlando o consumo de tabaco, apoiando a pesquisa e o desenvolvimento de vacinas e medicamentos para as doenças transmissíveis e não transmissíveis, aumentando substancialmente o financiamento da saúde, e reforçando a capacidade de todos os países para o alerta precoce, redução de riscos e gerenciamento de riscos nacionais e globais de saúde[12].

Fundamentalmente, é evidente que as metas são ambiciosas e enredadas. Ao confrontarmos o atual cenário global, com o coronavírus, e os escopos acima delineados, a preocupação pelo atingimento dos objetivos torna-se desafiadora.

Isto porque, ao concentrarmos nossa atenção ao Objetivo de nº 03, podemos perceber a dificuldade em cumpri-lo quando colocado à prova, como hodiernamente.

Em especial, pela necessidade, preconizada pela construção de um Direito Global da Saúde, de um plano[13] eficaz, de coordenação de ações em todos os níveis nacionais e internacionais, de colaborações mútuas, de responsabilidade particular e pública, de respeito ao próximo.

Em nenhum outro momento, a humanidade precisou confrontar, ao mesmo tempo, e de forma tão profunda, o mesmo desafio global, como agora com o coronavírus.

Por conseguinte, para que possamos estabelecer critérios de saúde global, padrões, protocolos de segurança, de tratamentos eficazes, de soluções, de novos quadros jurídicos, e que os benefícios das melhores práticas e soluções sejam de benefício de toda a humanidade, necessitamos da construção de um Direito Global da Saúde[14].

Conclusões

Ante o até aqui examinado, derradeiramente destaca-se, que no âmbito das novas temáticas que o Direito tem vindo a absorver, evidencia-se a necessidade de um tratamento da saúde na perspectiva global, advinda da assimilação complementar e cooperacional de assuntos que antes eram de domínio absoluto dos países.

---

12 *Cfr.* UNITED NATIONS. Transforming our world: the 2030 Agenda for Sustainable Development. Resolution adopted by the General Assembly on 25 September 2015. A/RES/70/1. New York: United Nations, 2015, p. 16/17.

13 *Vide* DANKEVYCH, Vitalii Ye., KAMENCHUK, Tetiana O., KONONOVA, Oleksandra Ye., NADTOCHII, Iryna I., OHOR, Hanna M. Strategic Planning for Sustainable Development of States: Administration Aspect. International Journal of Management, 11 (4), 2020, p. 511/522.

14 *Vide* FREIRE E ALMEIDA, Daniel, SCRIPTORE, Verônica F. Almeida. Um Panorama do Direito da Saúde na Perspectiva do Direito Comparado. New York: Lawinter Editions, 2020, p. 11/18.

Concluímos, essencialmente, que a compreensão, o alcance e a efetividade do Direito somente se consolidam na medida em que se tenha conscientização da impossibilidade e inadequação operacional dos sistemas nacionais para confrontar as necessidades atuais na seara da saúde.

Tais condições, aliás e por fim, são de extrema importância na análise da nova dimensão instaurada pela Covid-19, que rapidamente colocou-se em escala global.

A partir do exposto, concluímos que o Direito, então, se não desejar posicionar-se como ineficiente ou ineficaz, deve incorporar os verdadeiros problemas globais, e protagonizar as ações voltadas ao estabelecimento de saídas para os problemas de saúde de forma internacional, compartilhando as descobertas, práticas, padrões e abordagens ao assunto dentro desta vertente global.

Em ordem ao trazido ao longo deste capítulo, muitos tratados internacionais e iniciativas já formam um quadro legal internacional da saúde. Da mesma forma, pela primeira vez, o mundo todo enfrenta um desafio de saúde global.

Neste momento, e para sempre, as questões de saúde são, também, globais. Em outras palavras, as necessidades, as condições, as perspectivas, e as dimensões instauradas passam a ser igualmente globais, ensejando a construção de um Direito Global da Saúde.

Referências

ASPALTER, Christian, PRIBADI, Kenny Teguh, GAULD, Robin. **Health Care Systems in Developing Countries in Asia (Social Welfare Around the World)**. New York: Routledge, 2017.

BARCELLONA, Giandomenico. **Global health law. Lineamenti di diritto sanitario internazionale e sistemi sanitari comparati**. Itália: Maggioli Editore, 2020.

BENATAR, Solomon; BROCK, Gillian. **Global Health: Ethical Challenges**. Reino Unido, Cambridge University Press, 2021.

BORGES, Danielle Da Costa Leite. **EU Health Systems and Distributive Justice: Towards New Paradigms for the Provision of Health Care Services?** New York: Routledge, 2018.

BURRIS, Scott. BERMAN, Micah L. PENN, Matthew. HOLIDAY, Tara Ramanathan. **The New Public Health Law - A Transdisciplinary Approach to Practice and Advocacy**. Oxford: Oxford University Press, 2018.

CALLIESS, Gralf-Peter, MAURER, Andreas. **Transnationales Recht – eine Einleitung.** in: CALLIESS, Gralf-Peter (Org). Transnationales Recht, Stand und Perspektiven. Tübingen: Mohr Siebeck, 2014.

CARUSO, Catherine. **These Are the 13 Most Pressing Global Health Issues This Decade**. Disponível em: https://www.globalcitizen.org/en/content/most-urgent-health-challenges-for-the-2020s/.

CARVALHO, Laura Bastos. **Direito Global da Saúde**. São Paulo: Lumen Juris, 2017.

DANKEVYCH, Vitalii Ye., KAMENCHUK, Tetiana O., KONONOVA, Oleksandra Ye., NADTOCHII, Iryna I., OHOR, Hanna M. **Strategic Planning for Sustainable Development of States: Administration Aspect**. International Journal of Management, 11 (4), 2020.

ECCLESTON-TURNER, Mark, WENHAM, Clare. **Declaring a Public Health Emergency of International Concern**. Reino Unido: Bristol University Press, 2021.

EVANS, Rachel et al. **Physical, cognitive and mental health impacts of COVID-19 following hospitalisation – a multi-centre prospective cohort study**. MedRxiv, CSH, BMJ, Yale, 2021, doi: : https://doi.org/10.1101/2021.03.22.21254057 .

FLOOD, Colleen M., GROSS, Aeyal. **The Right to Health at the Public/Private Divide: A Global Comparative Study**. New York: Cambridge University Press, 2014.

FREIRE E ALMEIDA, Daniel, SCRIPTORE, Verônica F. Almeida. **Um Panorama do Direito da Saúde na Perspectiva do Direito Comparado**. New York: Lawinter Editions, 2020.

FREIRE E ALMEIDA, Daniel; SCRIPTORE, Verônica F. Almeida. **A Organização Mundial da Saúde e sua Atuação na Covid-19**. *in*: SCRIPTORE, Verônica F. Almeida; AKAOUI, Fernando; LAMY, Marcelo. Direito da Saúde na era pós Coivd-19. São Paulo: Almedina, 2021.

FREIRE E ALMEIDA, Daniel; SCRIPTORE, Verônica F. Almeida. **Os Objetivos de Desenvolvimento Sustentável n. 03 e n. 06 da ONU Como Diretrizes Fundamentais do Direito Sanitário no Brasil**. In: Fábio Luiz Gomes. (Org.). Saneamento Básico. Aspectos Jurídicos. São Paulo: Almedina, 2021.

FREIRE E ALMEIDA, Daniel; SCRIPTORE, Verônica F. Almeida; POORHASHEMI, Abbas. **The International Health Law as a New Branch of Law Post COVID-19.** *in*: SCRIPTORE, Verônica F. Almeida; AKAOUI, Fernando; LAMY, Marcelo. **Direito da Saúde na era pós Coivd-19**. São Paulo: Almedina, 2021.

G7. CARBIS BAY G7 SUMMIT COMMUNIQUÉ. Our Shared Agenda for Global Action to Build Back Better. **G7 Cornwall UK 2021**, disponível em https://www.g7uk.org/wp-content/uploads/2021/06/Carbis-Bay-G7-Summit--Communique-PDF-430KB-25-pages-3.pdf .

GANGULI-MITRA, Agomoni; SORBIE, Annie, MCMILLAN, Catriona, DOVE, Edward, POSTAN, Emily, Graeme Laurie, Nayha Sethi. **Health Research Regulation**. Reino Unido: Cambridge University Press, 2021.

GOSTIN, Lawrence O. **Global Health Law**. Cambridge: Harvard University Press, 2014.

HASSOUN, Nicole. **Global Health Impact: Extending Access to Essential Medicines**. Reino Unido: Oxford University Press, 2020.

HEITKAMP, Kristina Lyn. **Universal Health Care**. New York: Greenhaven, 2018.

HOFFMAN, Steven J., RØTTINGEN, John-Arne, FRENK, Julio. Assessing Proposals for New Global Health Treaties: An Analytic Framework. **American Journal of Public Health**, August 2015, Vol 105, No. 8.

INTERNATIONAL MONETARY FUND. Policy Responses to Covid-19. Policy Tracker. **International Monetary Fund**, Washington, 2021, disponível em: https://www.imf.org/en/Topics/imf-and-covid19/Policy-Responses-to--COVID-19 .

LAWRENCE O. Gostin; Benjamin Mason Meier. **Foundations of Global Health & Human Rights**. Reino Unido: Oxford University Press, 2020.

MÉDECINS SANS FRONTIÈRES. **COVID-19 leaves Amazonas health system saturated, overloaded and struggling**. **MSF**, Genebra, 2021, disponível em: https://www.msf.org/coronavirus-covid-19-collapses-health-system--manaus-brazil.

MEULEN, Ruud ter. **Solidarity and Justice in Health and Social Care**. Cambridge: Cambridge University Press, 2018.

OLALEKAN, Raimi Morufu et al. **A Critical Review of Health Impact Assessment: Towards Strengthening the Knowledge of Decision Makers Understand Sustainable Development Goals in the Twenty-First Century: Necessity Today; Essentiality Tomorrow**. Research and Advances: Environmental Sciences, 2020.

OLIVER, Adam. **Health Economics, Policy and Law**. Cambridge: Cambridge University Press, 2019.

OXFORD. **Our World In Data. Coronavirus (COVID-19) Vaccinations**. Oxford, 2021, disponível em: https://ourworldindata.org/covid-vaccinations?country=OWID_WRL.

RANSOM, Montrece McNeill; VALLADARES, Laura Magana. **Public Health Law**. Springer, 2021.

STEINBRÜCK PLATISE, Mateja. **Hands Tied? The Law Governing the World Health Organization**. Alemanha: Max Planck Institute for Comparative Public Law and International Law, 2021.

THE LANCET. Editorial. Should we vaccinate children against SARS-CoV-2? **The Lancet**, 2021, Volume 21, Issue 7, p. 889, July 01, 2021, disponível em: https://www.thelancet.com/action/showPdf?pii=S1473-3099%2821%-2900339-X.

TINGLE, J., Ó Néill, C., HERRING, J., FOSTER, C. **Routledge Handbook of Global Health Rights**. Reino Unido: Taylor & Francis Group, 2021.

UNICEF. **Beyond COVID-19: Responding to protracted emergencies**. UNICEF, Nova Iorque, 2021, disponível em: https://www.unicef.org/supply/stories/beyond-covid-19-responding-protracted-emergencies.

UNITED NATIONS. **Transforming our world: the 2030 Agenda for Sustainable Development**. Resolution adopted by the General Assembly on 25 September 2015. A/RES/70/1. New York: United Nations, 2015.

WORLD BANK. **COVID-19 to Plunge Global Economy into Worst Recession since World War II**. The World Bank, Washington, 2020, disponível em: https://www.worldbank.org/en/news/press-release/2020/06/08/covid-19-to-plunge-global-economy-into-worst-recession-since-world-war-ii .

WORLD HEALTH ORGANIZATION- WHO. **Urgent health challenges for the next decade**. Disponível em: https://www.who.int/news-room/photo-story/photo-story-detail/urgent-health-challenges-for-the-next-decade.

WORLD HEALTH ORGANIZATION. **Basic documents: forty-ninth edition (including amendments adopted up to 31 May 2019).** Geneva: World Health Organsization, 2020.

WORLD HEALTH ORGANIZATION. **Coronavirus disease (COVID-19): Vaccines. WHO**, Genebra, 2021, disponível em: https://www.who.int/news-room/q-a-detail/coronavirus-disease-(covid-19)-vaccines?adgroupsurvey={adgroupsurvey}&gclid=CjwKCAjwrPCGBhALEiwAUl9X0_lqFi-6-VUxthM-qOYj28pAXfx978ZYkbj4MWsYmEIDrNOqoW6yr9x0CCl8QAvD_BwE .

WORLD HEALTH ORGANIZATION. **COVID-19 technology access pool. WHO**, Genebra, 2020e, disponível em: https://www.who.int/emergencies/diseases/novel-coronavirus-2019/global-research-on-novel-coronavirus-2019-ncov/covid-19-technology-access-pool .

WORLD HEALTH ORGANIZATION. **More than 150 countries engaged in COVID-19 vaccine global access facility. WHO**, Genebra, 2020c, disponível em: https://www.who.int/news-room/detail/15-07-2020-more-than-150-countries-engaged-in-covid-19-vaccine-global-access-facility .

WORLD HEALTH ORGANIZATION. Q&A: **Hydroxychloroquine and COVID-19. WHO**, Genebra, 2020, disponível em: https://www.who.int/news-room/q-a-detail/q-a-hydroxychloroquine-and-covid-19.

WORLD HEALTH ORGANIZATION. **WHO Director-General's opening remarks at the launch of the Access to COVID-19 Tools Accelerator. WHO**, Genebra, 2020b, disponível em: https://www.who.int/dg/speeches/detail/who-director-general-s-opening-remarks-at-the-launch-of-the-access-to-covid-19-tools-accelerator .

WORLD HEALTH ORGANIZATION. **WHO Resolution. Seventy-Third World Health Assembly -WHA73.1. COVID-19 Response. WHO**, Genebra, 2020d, disponível em: https://apps.who.int/gb/ebwha/pdf_files/WHA73/A73_R1-en.pdf .

WORLDOMETER. **Covid-19 Coronavirus Pandemic**. Disponível em: https://www.worldometers.info/coronavirus/.

10.

DA COOPERAÇÃO GLOBAL AO COMPLIANCE GLOBAL INTEGRAL SETORIAL NO COMBATE AO CRIME ORGANIZADO

Danilo Fontenele Sampaio Cunha

Introdução

os piratas dos séculos XVII e XVIII já possuíam aparelhamento estável, contavam com certa rede de apoio muitas vezes estatal e eram constituídos em torno de uma liderança identificada. No mesmo sentido, outras organizações, como a Máfia Siciliana, as tríades chinesas, a União Corsa e a Yakusa, são centenárias, todas contando com forte estrutura organizacional, que suporta a morte ou a prisão dos líderes sem grandes alterações.

O cangaço nordestino[1] das primeiras décadas do século XX também pode ser compreendido como forma de estrutura delinquente organizada, onde simpatizantes e colaboradores faziam parte da rede de suporte necessária para as empreitadas criminosas, com modelo assemelhado às atuais facções criminosas.

Percebe-se, que as atividades criminosas, em termos de tessitura administrativa interna, técnicas de expansão e lucratividade, já há muito assumem feições correspondentes à grandes empresas, ensejando que os órgãos públicos responsáveis pelo efetivo combate à atividade delinquente também se adaptem ao combate de tais associações permanentes, com propósitos duradouros, hierarquia difusa e cujos integrantes chegam a ostentar abrangente manto de insuspeição.

---

1 MELLO, Frederico Pernambucano de. *Guerreiros do Sol – violência e banditismo no Nordeste do Brasil*. 2.ed. São Paulo: Editora A Girafa, 2004.

No mesmo sentido, o crime organizado atual se apresenta composto por pessoas físicas e jurídicas com abrangência mundial, com surpreendente performance empresarial, contando com rede ampliada dedicada à efetiva lavagem do dinheiro de origem ilícita, utilizando-se dos mais modernos mecanismos de atuação e operando nos mercados disponíveis licitamente, além de suas performances no submundo comercial.

Faz parte de tal cenário, a continuidade de outros crimes com o fito de encobrir as provas e indícios, o que ocasiona diversas dificuldades aos órgãos e agentes estatais responsáveis pela repressão à criminalidade.

Ainda, os criminosos de que ora tratamos, sejam pessoas físicas ou jurídicas constituídas preponderantemente para fins ilícitos, possuem asseclas especializados nas áreas de informática, contabilidade, eletrônica e quaisquer outras necessárias ao bom desempenho de suas atividades criminosas, além de contarem com grande poder de penetração e influência na sociedade e nos governos[2], com franco alcance em decisões políticas[3] e opções legislativas[4], aí incluindo modificações normativas retroativamente mais benéficas, além de contarem com advogados notoriamente próximos e de prestígio junto aos órgãos de cúpula do Poder Judiciário.

Em suma, a Justiça mundial enfrenta atualmente cartéis, bandos, quadrilhas e organizações criminosas, perigosos em sua essência, voláteis em sua substância, ágeis em suas características e ousados em suas estratégias mesmo judiciais, sendo certo que os prejuízos sociais causados são imensuráveis, devendo receber repressão conjunta globalmente.

Pretende-se, aqui, discorrer sobre as formas mais comuns de atuação de tais grupos, comentando alguns dos crimes mais frequentemente praticados, com base na doutrina e em processos julgados, sugerindo opções de efetivas medidas repressivas a nível mundial.

1. Definição de organização criminosa

A Convenção contra o Crime Organizado Transnacional (Convenção de Palermo) foi elaborada pela Organização das Nações Unidas em dezembro de 1999, em Palermo, Itália, na qual as Nações Unidas expressam a sua convicção de que este é um problema real e grave, que só pode ser combatido por intermédio da cooperação internacional, sendo assinado por representantes de 124 países das Nações Unidas.

---

2 Ver LANDIM, Raquel, *Why Not: como os irmãos Joesley e Wesley, da JBS, transformaram um açougue em Goiás na maior empresa de carnes do mundo, corromperam centenas de políticos e quase saíram impunes*. Rio de Janeiro: Editora Intrínseca, 2019.

3 Ver ROSE-ACKERMAN; PALIFKA, Bonnie, J. *Corruption and Government – causes, consequences, and reform*.Cambridge: University Printing House, 2016

4 Ver CUNHA, Eduardo; CUNHA, Daniele. *Tchau, querida: o diário do impeachment*. São Paulo: Matrix, 2021

Define referida Convenção como sendo Para efeitos da presente Convenção, entende-se por "a) 'Grupo criminoso organizado' - grupo estruturado de três ou mais pessoas, existente há algum tempo e atuando concertadamente com o propósito de cometer uma ou mais infrações graves ou enunciadas na presente Convenção, com a intenção de obter, direta ou indiretamente, um benefício econômico ou outro benefício material; b) 'Infração grave' - ato que constitua infração punível com uma pena de privação de liberdade, cujo máximo não seja inferior a quatro anos ou com pena superior; c) 'Grupo estruturado' - grupo formado de maneira não fortuita para a prática imediata de uma infração, ainda que os seus membros não tenham funções formalmente definidas, que não haja continuidade na sua composição e que não disponha de uma estrutura elaborada; d) 'Bens' - os ativos de qualquer tipo, corpóreos ou incorpóreos, móveis ou imóveis, tangíveis ou intangíveis, e os documentos ou instrumentos jurídicos que atestem a propriedade ou outros direitos sobre os referidos ativos; e) 'Produto do crime' - os bens de qualquer tipo, provenientes, direta ou indiretamente, da prática de um crime (...)".

Tal Convenção é suplementada por três protocolos, os quais abordam áreas específicas de atuação do crime organizado, quais sejam: a) Protocolo para Prevenir, Suprimir e Punir o Tráfico de Pessoas, especialmente Mulheres e Crianças; b) Protocolo contra o Contrabando de Imigrantes por Terra, Ar e Mar e c) Protocolo contra a Fabricação Ilegal e o Tráfico de Armas de Fogo, inclusive Peças, Acessórios e Munições. São também encorajadas o uso de cooperações bilaterais, como a de entregas controladas, vigilância eletrônica e operações sigilosas, além de proteção física de testemunhas.

Mesmo antes da edição da Lei 12.850, de 02 de agosto de 2013 entrar em vigor, a Justiça brasileira já lidava com atividades criminosas que superavam as classificações penais, apresentando-se como verdadeiras empreitadas ilícitas previamente engendradas com real ordenação entre seus membros, cálculo de riscos, investimentos em pessoal, treinamento e seleção de equipe especializada para a atividade a ser desenvolvida, bem como desenvolvendo-se com alto grau de volatilidade, crescente mobilidade e constante adaptação às circunstâncias fáticas encontradas.

Tal equiparação era nitidamente inadequada, pois a nomenclatura[5] então vigente de quadrilha ou bando era referente a agrupamentos sem qualquer sofisticação, complexidade ou estruturação diferenciada, enquanto organização criminosa pressupõe estrutura específica, no que pese o amalgama de seus componentes e ações.

Assim coube inicialmente à doutrina e aos julgadores a definição do que seja realmente crime organizado, organização ou associação criminosa, enquanto não vigia a Convenção de Palermo.

5 Observe-se que a Lei no 9.034/95 não trazia um conceito preciso de crime organizado, limitando-se a equiparar a atividade criminosa organizada àquela do art. 288 do Código Penal Brasileiro, qual seja, quadrilha ou bando.

Neste aspecto, autores[6] traçam panorama genérico a respeito das características de qualquer organização, esclarecendo a existência, dentre outras, de unidade social, representada pelos aspectos de ser a organização parte da sociedade e identificarem-se os seus componentes com algum fator específico capaz de aglutiná-los em prol de uma meta específica, comportamento social padronizado através de rituais, comportamento diário, condutas permitidas ou proibidas pelo grupo e mesmo pela maneira de vestir-se, saudar-se, de expressar-se corporalmente, de falar, etc., além da unidade da meta específica.

Ou seja, os componentes das organizações criminosas desenvolvem atividade individual dirigida à realização do objetivo específico de todos, formam uma unidade social em uma estrutura descritível, compreendendo funções hierárquicas e específicas dos membros, bem como divisão de tarefas, atribuição de funções e o preenchimento de cargos específicos com o fim de obtenção do resultado comum, contando com recursos materiais, sejam a própria mão de obra dos membros da organização ou capital arrecadado dos mesmos.

Certo ainda que as organizações criminosas, por fazerem parte da sociedade, são também geradoras de subsistemas, teias ou redes, sendo tais estruturas centrais e paralelas que possibilitam o surgimento de novas frentes de atividades e relações a partir de um objetivo primário e final, compartilhado por todos.

Outra característica comum às organizações criminosas é possuírem certa continuidade dinástica, severa disciplina interna, métodos poucos piedosos de reprimendas, extensa utilização da corrupção política e policial[7], eventual combinação das atividades ilícitas como lícitas, distribuição geográfica por zonas, enormes lucros e mesmo simpatia de alguns setores econômicos, além de influência política e até mesmo no Judiciário.

Pode-se perceber ainda a criminalidade organizada por suas atividades intensas e ininterruptas, possuindo divisões de tarefas, participação de colaboradores ou agentes inicialmente insuspeitos, sofisticação dos métodos criminosos e vítimas difusas, com possibilidade de corrupção também de membros das forças de segurança e mesmo magistratura e do Ministério Público.

A diversidade da textura do crime organizado indica, ademais, a possibilidade de seu caráter transnacional na medida em que não respeita fronteiras e

---

6 COLEMAN, JAMES William. *A Elite do Crime – para entender o crime do colarinho branco.* Título original: *The Criminal Elite.* Tradução de Denise R.Sales. 5 ed. São Paulo: Editora Manole, 2002; LUPO, Salvatore. *História da Máfia – das origens aos nossos dias.* Título original: *Storia della máfia. Dalle origini ai giorni nostri.* Tradução de Álvaro Lorencini. São Paulo: Editora Unesp, 2002; NAIM, Moisés. *Ilícito – O ataque da Pirataria, da lavagem de Dinheiro e do Tráfico à Economia Global.* Título original: *Ilicit (How Smugglers, Traffickers, and Copycats are hijacking the Global Economy).* Tradução de Sérgio Soares. Rio de Janeiro: Jorge Zahar Editor, 2006; ROBINSON, Jeffrey. *A globalização do crime.* Título original: *The merger.* Tradução de Ricardo Inojosa. São Paulo: Ediouro, 2001; ZIEGLER, Jean. *Senhores do Crime – As novas Máfias contra a Democracia.* Título Original: *Lês seigneurs du crime.* Tradução de Clóvis Marques. Rio de Janeiro: Editora Record, 2003.

7 Ver BAITA, Piergiorgio; UCCELLO, Serena. *Corruzione- un testimone racconta il sistema del malaffare.* Torino: Giulio Einaudi Editore, 2016;

apresenta características assemelhadas em várias nações, como, por exemplo, os grupos de tipo mafioso que dominam falsificações de produtos, contrabando, tráfico de drogas, prostituição e tráfico de pessoas, sem se falar de obras financiadas com dinheiro público[8].

Invariavelmente tais entidades delinquentes possuem imenso poder com base numa estratégia global e numa estrutura organizativa que lhe permite aproveitar as fraquezas estruturais do sistema penal, provocando danos sociais de alto vulto, englobando variada gama de condutas infracionais ao disporem de intrincado esquema de conexões com outros grupos delinquenciais e uma rede subterrânea de ligações com os quadros oficiais da vida social, econômica e política da comunidade[9].

Pode-se, em suma, dizer que o crime organizado é uma empreitada/conspiração criminal permanente em continuidade administrativa, sendo motivada pela ambição de seus membros, com estrutura formalizada e objetivo primário de obter lucros através de atividades ilegais., sendo alimentado pelo medo e pela corrupção[10], aliada à lavagem de dinheiro, constituindo-se estes, pois, os pilares de sua atuação.

Em termos normativos, a legislação brasileira evoluiu para a atual Lei n. 12.850, de 02 de agosto de 2013, que definiu organização criminosa e dispôs sobre a investigação criminal, os meios de obtenção de prova, infrações penais correlatas e o procedimento criminal, seguindo os princípios da Convenção de Palermo.

Afirma o § 1º do art. 1º de dita lei que, "Considera-se organização criminosa a associação de 4 (quatro) ou mais pessoas estruturalmente ordenada e caracterizada pela divisão de tarefas, ainda que informalmente, com objetivo de obter, direta ou indiretamente, vantagem de qualquer natureza, mediante a prática de infrações penais cujas penas máximas sejam superiores a 4 (quatro) anos, ou que sejam de caráter transnacional".

Estipula, no seu art. 2º a pena de reclusão, de 3 (três) a 8 (oito) anos, e multa, sem prejuízo das penas correspondentes às demais infrações penais praticadas, quem promover, constituir, financiar ou integrar, pessoalmente ou por interposta pessoa, organização criminosa.

Registre-se que seu artigo 24 dita lei modificou a redação do artigo 288 do Código Penal, definindo-se o então crime de quadrilha ou bando agora como "Associação Criminosa, qual seja, "Associarem-se 3 (três) ou mais pessoas, para o fim específico de cometer crimes", com pena de reclusão de 1 (um) a 3 (três)

---

8 Ver GASPAR, Malu. *A Odebrecht e o esquema de corrupção que chocou o mundo*. São Paulo: Companhia das Letras, 2020.

9 Ver SELIGMAN, Milton; MELLO, Fernando (Org.). *Lobby desvendado – democracia, políticas públicas e corrupção no Brasil Contemporâneo*. Rio de Janeiro: Record, 2018.

10 Ver BERNSTEIN, Jake. *Na rota da corrupção – uma investigação aos meandros das redes criminosas, do dinheiro ilícito e da elite global*. Título original: *Secrecy World*. Tradução de Ana Saldanha. Lisboa: Editora Presença, 2018.

anos, aumentada até a metade se a associação é armada ou se houver a participação de criança ou adolescente.

Em seus compromissos, os países signatários da Convenção de Palermo estimulam o dever de cooperação mútua dos Estados para assegurar o funcionamento da Justiça, a efetividade de suas decisões e a prevalência dos direitos humanos reconhecidos em Tratados Internacionais e nas Constituições contemporâneas.

Assim, tal sistema de cooperação internacional se dá, mais comumente, por meio do cumprimento de cartas rogatórias, do sistema de reconhecimento de sentenças estrangeiras (com o reconhecimento dos princípios do respeito aos direitos adquiridos e da coisa julgada), do pedido de assistência jurídica (que permite executar, em dada jurisdição e atos solicitados por autoridades estrangeiras, tais como diligências relativas a investigações ou instrução de ações jurídicas em território estrangeiro), da extradição e da transferência de apenados.

Semelhante sistema de cooperação foi instituído pela Convenção das Nações Unidas contra a Corrupção (Convenção de Mérida), assinada em 9 de dezembro de 2003, na cidade de Mérida, no México e aprovada no Brasil por meio do Decreto Legislativo nº 348, de 18 de maio de 2005, e promulgada pelo Decreto Presidencial nº 5.687, de 31 de janeiro de 2006.

Ao todo, 186 países aderiram à referida Convenção, vinculando-se juridicamente a cumprir os seus dispositivos, sob pena de serem pressionados pela comunidade internacional.

Em seu texto, a Convenção trata de diferentes tipos de corrupção, alcançando o setor público e o privado. Além de crimes como suborno e desvio de recursos públicos, incentiva os Estados Partes a criminalizar também os atos que contribuem para a corrupção, como obstrução da justiça e lavagem ou ocultação de bens.

No entanto, percebe-se que, ante as amplas tipologias e dinamicidade dos agentes criminosos, tais métodos tradicionais não mais são suficientes para o combate global do crime organizado.

2. Tipologias e dinamicidade

A Organização das Nações Unidas, no documento *Results os a pilot survey of forty selected organized criminal groups in sixteen countries*[11], elaborado em setembro de 2002, indicou cinco tipologias de organização criminosa, destacando-se entre a hierarquia padrão (Standart hierarchy), hierarquia regional (Regional hierarchy), hierarquia agrupada (Clustered hierarchy), grupo central (Core group), a Rede Criminosa (Criminal network23), constituída esta de uma rede fluída e

11 https://www.unodc.org/pdf/crime/publications/Pilot_survey.pdf, acessado em 05 de maio de 2022.

esparsa de indivíduos, normalmente portadores de habilidades especiais que constituem, constante e progressivamente, séries de projetos criminosos.

Diz o estudo que a tipologia rede criminosa é definida por indivíduos principais engajados no crime através de alianças parciais, sendo que os componentes podem até não se reconhecerem como membros de um grupo criminoso nem serem assim reconhecidos por quem está de fora da organização, no que pese unirem-se ao redor de uma série de projetos criminosos.

Assim, tal tipologia consiste, usualmente, em uma relativa variedade do número de indivíduos, sendo que, em muitos casos, muitos componentes não trabalham próximos uns dos outros ou mesmo sequer se conhecem, mas estão sempre conectados com outro componente ou componentes do núcleo central.

Outrossim, a lealdade e os laços de afinidade são essenciais para a manutenção da rede, vez que, sozinhos, os componentes não teriam a mesma eficiência.

Pois bem, mesmo que em diversos casos seja percebida da estrutura em rede, o fato é que nos defrontamos sempre com uma estrutura organizacional que transcende o mero 'ajuntamento de indivíduos', estando baseada na associação de suas vontades livres e conscientes, dirigidos a um objetivo comum ilícito, com base em uma hierarquia e divisão de tarefas, possuindo como mote o raciocínio da alta lucratividade com baixo custo e investimento recuperável a curto prazo, podendo contar com a corrupção de agentes públicos .

Partindo dos conceitos apresentados, podemos traçar as principais características das organizações criminosas, sendo possível que algumas delas estejam mais ou menos presentes de forma preponderante nas modalidades de crime organizado, quais sejam:

a) infiltração de seus agentes no Estado, seja corrompendo-os ou aliciando para omissões dolosas ou obtenção de informações privilegiadas a respeito de estruturas físicas e capacidade de reação das instituições ou mesmo patrocinando o ingresso regular de seus agentes nas forças estatais, como, por exemplo, patrocínio de campanhas de candidatos, promoção de cursos superiores a seus agentes, mormente Direito ou mesmo pagamento de cursos preparatórios para ingresso de seus agentes na polícia, Ministério Público ou Judiciário através de concurso.

b) criminalidade difusa, que se caracteriza, em geral, pela ausência de vítimas fisicamente individualizadas, ou seja, criminalidade organizada normalmente vitimiza pessoas indeterminadas, ligadas entre si por circunstâncias de fato como, por exemplo, correntistas de um determinado Banco, clientes de certa bandeira de cartão de crédito, servidores públicos aposentados de determinado órgão ou componentes de determinada facção ou grupo social específico, podendo também agir impessoalmente contra instituições particulares ou estatais, independentemente de seus componentes. Tal aspecto revela a periculosidade da organização ante as dimensões e a quase irreparabilidade dos danos causados, bem como a dificuldade de ação estatal posterior.

c) baixa visibilidade dos danos - o modo de operação das organizações criminosas tem o condão de ocultar os atos preparatórios e de execução de maneira que, quando os fatos são descobertos, verdadeiro impacto social de monta já foi realizado.

d) Alto grau de operacionalidade - o quadro das organizações criminosas é composto, geralmente, por pessoas com dedicação exclusiva e qualificação nas diversas áreas onde se faça necessária à sua atuação, contando com excelente remuneração e equipamentos de última geração, muitas vezes superiores aos dos policiais, sendo certo que o, por assim dizer, "investimento" em uma ação criminosa é analisada de maneira cuidadosa, sendo os riscos ponderados em relação ao possível êxito. Observa-se, ainda, que as informações das condutas criminosas são normalmente compartimentadas, ou seja, apesar de todos os membros da organização criminosa saberem qual o objetivo final de suas atividades ilícitas, nem todos os membros da organização sabem exatamente o que os outros membros estão executando, de forma a preservar maior grau de sigilo e evitar delações. Outro aspecto perceptível é que tal conformidade impele alguns membros a se convencerem estar participando de ações menores, aparentemente inocentes, como, por exemplo, estar "apenas monitorando a vítima de sequestro", "mera retransmissão de e-mails", "era apenas o motorista dos demais", etc.

e) As ações das organizações criminosas também de caracterizam por sua alta velocidade de realização, concentrando esforços diuturnamente para a consecução de seus objetivos. Outrossim, impressiona a capacidade de adaptação dos agentes às novas tecnologias, com modificação quase que instantânea de seu modus operandi para fazer frente a novos padrões de segurança de empresas ou instituições, bem como dinâmica plasticidade de suas empresas de fachada, com alteração de local e área de atuação, troca de colaboradores e formação de alianças entre organizações diversas, remoção de pessoal para agirem em locais ainda não atingidos, utilização de novas contas bancárias com nomes falsos e a infindável troca de telefones de contato.

Frise-se que, na verdade, o crime organizado no século XXI não tem uma estrutura rígida e centralizada, operando em vários grupos e subgrupos que, por vezes, se associam de forma permanente para realização de negócios específicos de maior monta.

Assim, por exemplo, o Primeiro Comando da Capital- PCC pode se associar ao crime paraguaio para conseguir armas, bem como à máfia boliviana para obter cocaína, além de manter alianças com uma rede de comerciantes para revenda de carga roubada, ou negócios em comum com outro grupo para aluguel de armas, carros e locais de cativeiro e execução, em uma verdadeira rede compartimentada de ações.

Observe-se ainda que, como a lei 12.850, de 02 de agosto de 2013, consagrou-se o entendimento já adotado pela doutrina no sentido que a prática de qualquer infração penal pode caracterizar a organização criminosa, inclusive as contravenções, como o jogo do bicho.

Chamamos a atenção para a previsão constante do art. 416, bis, do Código Penal Italiano, para entendermos ainda mais como as organizações criminosas operam, sendo certo que tais atuações guardam paralelo em várias entidades voltadas ao crime.

Assim, o Código Penal Italiano distingue dois tipos de organização criminosa, estipulando, em seu artigo 416, a associação para delinquir[12] como sendo quando três ou mais pessoas se associarem com a finalidade de cometer mais crimes, sendo que aqueles que promoverem ou fornecerem ou organizarem a associação são punidos com três a sete anos de prisão. Pelo simples fato de participar da associação, a pena é a detenção de um a cinco anos.

Por sua vez, o artigo 416, bis[13], esclarece a associação do tipo mafioso é aquela quando os seus membros fazem uso da força de intimidação e da condição de sujeição e conspiração de silêncio para cometer crimes, a fim de adquirir administração direta ou indireta ou controle de atividades econômicas, concessões, autorizações, contratos e serviços públicos ou para realizar lucros injustos ou vantagens para si ou para os outros ou com o propósito de prevenir ou impedir o livre exercício do voto ou conseguir votos para si ou para outrem, por ocasião das eleições.

Percebe-se facilmente que podem existir empresas formalmente instituídas e que sempre se caracterizaram pela aplicação de táticas, estratégias e métodos tipicamente mafiosos, tais como associação, organização, conspiração, intimidação, corrupção, conivência social e omissão dos poderes públicos para cometer ilícitos, como as que administram, direta ou indiretamente, os serviços de jogo de bicho e seus correlatos proveitos e vantagens, inclusive sone-

---

12 Art. 416
- Associazione per delinquere -
Quando tre o più persone si associano allo scopo di commettere più delitti, coloro che promuovono o costituiscono od organizzano l'associazione sono puniti, per ciò solo, con la reclusione da tre a sette anni.
Per il solo fatto di partecipare all'associazione, la pena è della reclusione da uno a cinque anni.
I capi soggiacciono alla stessa pena stabilita per i promotori.
Se gli associati scorrono in armi le campagne o le pubbliche vie si applica la reclusione da cinque a quindici anni.
La pena è aumentata se il numero degli associati è di dieci o più.

13 Art. 416 bis
- Associazione di tipo mafioso -
Chiunque fa parte di un'associazione di tipo mafioso formata da tre o più persone, è punito con la reclusione da tre a sei anni.
Coloro che promuovono, dirigono o organizzano l'associazione sono puniti, per ciò solo, con la reclusione da quattro a nove anni.
L'associazione è di tipo mafioso quando coloro che ne fanno parte si avvalgono della forza di intimidazione del vincolo associativo e della condizione di assoggettamento e di omertà che ne deriva per commettere delitti, per acquisire in modo diretto o indiretto la gestione o comunque il controllo di attività economiche, di concessioni, di autorizzazioni, appalti e servizi pubblici o per realizzare profitti o vantaggi ingiusti per sè o per altri ovvero al fine di impedire od ostacolare il libero esercizio del voto o di procurare voti a sè o ad altri in occasione di consultazioni elettorali.(...).

gação fiscal e lavagem de dinheiro, vez que aplicaram seus lucros injustos em benefício próprio ou de seus familiares e aliados.

Observe-se que são facilmente identificáveis em tais organizações criminosas, que as participações nos lucros e mecanismos de sucessão seguem matriz mafiosa, ou seja, o particular aspecto de herança de cotas e substituição do falecido sócio pela viúva ou filho mais velho.

No que se refere à operacionalização das atividades criminosas, geralmente as organizações possuem uma sede física que centraliza as operações, mesmo que tal sede mude de lugar de tempos em tempos.

Juntam-se a isso uma imensa gama de suboperações, como, por exemplo, agenciamento de colaboradores, distribuição, recolhimento e conferência de vendas, guarda de numerário, contabilização dos lucros, controle de caixa e segurança armada, além de dados informatizados a respeito de pagamentos, recibos, financiamentos e equipamentos de informática, refinanciamento, cadastros de funcionários e lojas, folha de pagamento, telefones, contratos, controle de estoque, movimentações econômico-financeiras, planilhas contábeis, banco de dados dentre outros.

Além disso, geralmente contam os integrantes das organizações criminosas com informações a respeito de eventuais concorrentes e estão sempre prontos a desencadear atitudes de repressão, intimidação e tomada de pontos de pessoas que ousem desafiar as atividades consolidadas.

Pode-se afirmar que em geral os participantes das atividades criminosas contam com uma espécie de polícia privada encarregada de zelar pela segurança dos bens, interesses e atividades, com sua segurança realizada por equipes de aposentados dos Bombeiros, Polícia Militar e Polícia Civil, além de milicianos em geral.

Obviamente não se descarta a possibilidade de policiais na ativa serem corrompidos e contratados para agirem institucionalmente nos interesses da organização criminosa, coibindo a instalação, por exemplo, de concorrentes, aí incluindo-se quadrilhas de tráfico de drogas que pretendam invadir o território da organização criminosa que os corrompe.

Frise-se que não são incomuns que membros de tais organizações possam monitorar e influenciar nas movimentações funcionais dos delegados da polícia, comandantes da polícia militar e diretores de presídios, de maneira a se tranquilizarem sobre a possibilidade de qualquer repressão estatal.

Resta claro que para isso aproveitam das benesses das proximidades com políticos e autoridades públicas, inclusive do setor de segurança pública, obtendo destas, no mínimo, omissões drásticas.

No que diz respeito às proximidades dos membros das organizações criminosas com autoridades representativas do Poder Público, constata-se que durante décadas elas nunca sofreram repressão policial ou fiscalização trabalhista ou tributária significativa, em qualquer das esferas do Estado.

Observe-se que não são raras as atividades aparentemente filantrópicas de ditas organizações, como colaborações financeiras a entidades caritativas e associações e sindicatos, inclusive de policiais, além de financiamento velado de campanhas políticas.

Obviamente tanta segurança de que jamais serão incomodados pelos poderes públicos possui como fonte a clara leniência e prevaricação das autoridades responsáveis, sendo intuitivo que o desenvolvimento das atividades ilícitas é garantido mediante corrupção de inúmeros agentes públicos até mesmo a nível global[14]. Na verdade, não há outra hipótese a explicar que autoridades públicas permaneçam complacentes com atividades criminosas e não há outro modo de esclarecer a inércia destas e suas providenciais e coniventes cegueiras aos fatos notórios que ocorrem a olhos vistos.

É de ser esclarecido que aqui consideramos o termo corrupção em seus aspectos amplos, não correspondendo necessária e exclusivamente ao recebimento de dinheiro, mas também de apoio político e funcional, influência, favores, benesses, agrados, empregos para parentes ou qualquer tipo de vantagem indevida.

Sabe-se, ademais, que não é possível compreender os diversos tipos de máfias sem levar em conta o contexto social, cultural, econômico e histórico em que estão inseridas.

É manifesto que as atividades das máfias do mundo inteiro, aí incluídas as facções criminosas e os grupos terroristas, mesmo em suas diversas composições e métodos, sempre guardaram em comum a intenção de passarem socialmente despercebidas, sendo que algumas chegam ao ponto de, quando identificadas, assumirem ares de inocência e laivos de cidadania caritativa, ou mesmo alegam liberdade de opinião e defesa de ideais.

Observe-se, ademais, que tais atividades de aparente apoio humanitário, bem como aquelas ligadas ao fomento de movimentos culturais, aí incluídos financiamentos de discos, shows, espetáculos, peças de teatro, cinema e carnaval comumente servem apenas como estratégia de marketing social e como falso véu de benemerência e aparente fachada de dignidade solidária às atividades criminosas que exercem, atraindo simpatizantes e gozando de certa aceitação e conivência da coletividade, tudo bem ao gosto dos conhecidos populismo e clientelismo.

Tais formas de pensar e comportar são frontalmente contrárias às normas postas, mas contam com a hipocrisia social, também característica típica da atuação das organizações criminosas de angariar simpatias fáceis.

Vislumbra-se, portanto, que a cada atividade ilícita perpetrada são gerados vários crimes decorrentes, correlatos e correspondentes, contando estes com naturezas próprias e diversas de sua origem, como que formados em transgenias ilícitas, principalmente sonegação fiscal, evasão de divisas e lavagem de dinheiro.

Em suma, em qualquer atividade de organizações criminosas evidencia-se que seus integrantes lideram, participam e usufruem de estruturas em-

14 Ver ELLIOT, Kimberly Ann (Org.). *A corrupção e a economia global*. Título original: *Corruption and global economy*. Brasília: Editora Universidade de Brasília, 2002.

presariais voltadas para práticas criminosas, com atuação duradoura e tarefas bem distribuídas entre os integrantes, desenvolvendo métodos mafiosos de atuação, com alto poder de coação e intimidação, além da relação de simbiose com o poder estatal por meio de corrupção e conivência, sempre buscando o lucro ilícito, sendo que a extraordinária movimentação patrimonial dos seus integrantes comprovam décadas de atividades ilícitas sem qualquer atitude contrária das autoridades públicas.

Conclusões

Há que se ter em conta que nenhuma organização criminosa sobrevive sem uma ampla rede de coparticipantes, sendo ainda certo que qualquer pessoa que atue junto a ela faz parte de suas entranhas e efetivamente se torna um de seus componentes.

A realidade oculta de corrupção desenfreada, contando inclusive com suporte político e a desidiosa inércia e conivência irresponsável e criminosa de agentes públicos, mormente os ligados à área de segurança pública, sempre atraindo e seduzindo autoridades ao longo de décadas de atividades ilícitas, além do conjunto de sonegação de tributos, evasão de divisas, lavagem de dinheiro, extorsões, intimidações e violência deixa claro que seu combate só pode ocorrer com a colaboração a nível mundial.

Percebe-se que o Tratado sobre o funcionamento da União Europeia instituiu o reconhecimento mútuo das sentenças e decisões judiciais e a cooperação policial e judiciária nas matérias penais com dimensão transfronteiriça e indicou o estabelecimento de regras mínimas relativas à definição das infrações penais e das sanções em domínios de criminalidade particularmente grave que resulte da natureza ou das incidências dessas infrações, ou ainda da especial necessidade de as combater, assente em bases comuns (arts. 82º e 83º). A eficiência de tais previsões, no entanto, é insuficiente.

Observa-se também a existência de diversas agências formais de colaboração de informações[15], pelo que, como bem diz Barreto[16], não há propriamente necessidade de criação de mais agências, mas sim a obrigação de maior integração e cooperação entre elas. A autora também indica que a existência de uma rede informal de informações de razoável amplitude também se mostra escassa de resultados em termos de solidariedade integrativa.

15 Por exemplo, Europol, Sistema de Informações Schenger (e sua evolução SIS II), Eurodac e Sistema de Informação sobre Vistos (VIS), Eurojust- European Union Agency for Criminal Justice Cooperation , Vis-MDE-Frontex- Agência Europeia da Guarda de Fronteiras e Costeira, dentre outras.

16 BARRETO, Midred Cavalcante. Subsidiariedade e políticas de contraterrorismo na União Europeia- uma análise institucional. Dissertação de Mestrado apresentada na Universidade Federal do Rio Grande do Sul, em maio de 2022, disponível em https://www.ufrgs.br/ppgeei/dissertacao-midred-cavalcante-barreto-23-05-2022-08h00-videoconferencia/, acessado em 25 de maio de 2022.

Partindo de tal realidade social e insuficiência da atuação estatal, entendemos ser imprescindível a participação da iniciativa privada nas atividades de proteção de seus próprios setores de atividade, bem como na troca de informações sobre dados sensíveis e suspeitos, sendo certo que uma hipótese de razoável perspectiva operacional seria a intensificação dos programas de cumprimento normativo voluntário (*compliance programs*) em nível mundial e setorial.

A rigor, se realmente queremos uma sociedade mais solidária, segura e participativa, há que se minorar significativamente os riscos globais do crime organizado através não apenas no combate repressivo estatal, mas também e em maior monta, mediante o monitoramento preventivo e contemporâneo de atividades suspeitas e/ou potencialmente lesivas pelos setores econômicos diretamente envolvidos em manter sua competitividade e defender genericamente os interessados (*stakeholders*).

Observe-se que, para tanto, há que se ampliar os poderes de regulamentação, supervisão e aplicação de sanções por parte de autoridades independentes, compostas de representantes dos segmentos econômicos possivelmente atingidos com as atividades ilícitas, em conjunto com a repressão estatal que assumiria, em tal novo esboço de cooperação, caráter subsidiário.

Vislumbra-se, pois, a necessidade de instituição de recomendações setoriais, com a crescente ampliação das auditorias internas e responsáveis pelas boas práticas (*compliance officers*), com ampla divulgação dos deveres de segregação das atividades e/ou participantes de atividades indevidas.

Na verdade, se o crime organizado se vale do próprio mercado para sua ampliação e domínio, é o próprio mercado que não apenas detém maior conhecimento específico das eventuais manobras e táticas ilícitas praticadas em seu meio, mas também é possuidor de maior rapidez de reação e banimento dos infratores, podendo, com muito mais facilidade e flexibilidade, evitar a prática de vários tipos de ilícitos, incluindo os criminais, indo desde a prevenção de acidentes laborais, a crimes ambientais, crimes contra os consumidores, crimes fiscais, corrupção e lavagem de dinheiro, bem como efetivar a paralisação e descapitalização da atividade econômica ilícita.

Em tal modo, o mercado também teria intensificado seu dever de reporte às agências estatais visando a recuperação dos ativos diretos e decorrentes das atividades criminosas e ampla divulgação da indisponibilidade do patrimônio de origem ilícita dos membros das organizações, além da identificação e punição de agentes públicos corruptos e de seus corruptores.

Obviamente não se deve extrair da simples existência de programas de *compliance* os efeitos imediatos de dispensa ou redução das sanções aplicáveis.

O que estamos aqui sugerindo vai além das iniciativas individuais das empresas, ou seja, apresentamos a hipótese de um programa de *compliance global integral setorial*, permanecendo o Estado atuante, com preservação de seu poder repressor oficial, mas compartilhando com a sociedade a responsabilidade por uma sociedade mais responsável, justa e igualitária.

Tais medidas sugerem poucas mudanças normativas de aplicação imediata, sendo certo que somente quando a sociedade se conscientizar da gravidade dos efeitos que as atividades ilícitas organizadas, mormente a corrupção, a sonegação de impostos, a evasão de divisas e a lavagem de dinheiro são capazes de fazer em termos de prejuízo comunitário, poderemos assumir novos padrões de comportamento social e dar eficientes passos para a cidadania plena, na consagração da vertente de sermos um povo solidário e respeitador da dignidade da pessoa humana a nível global.

Referências

BAITA, Piergiorgio; UCCELLO, Serena. *Corruzione- un testimone racconta il sistema del malaffare*. Torino: Giulio Einaudi Editore, 2016.

CÓDIGO PENAL ITALIANO

COLEMAN, JAMES William. *A Elite do Crime – para entender o crime do colarinho branco*. Título original: *The Criminal Elite*. Tradução de Denise R.Sales. 5 ed. São Paulo: Editora Manole, 2002.

CUNHA, Eduardo; CUNHA, Daniele. *Tchau, querida: o diário do impeachment*. São Paulo: Matrix, 2021.

ELLIOT, Kimberly Ann (Org.). *A corrupção e a economia global*. Título original: *Corruption and global economy*. Brasília: Editora Universidade de Brasília, 2002.

GASPAR, Malu. *A Odebrecht e o esquema de corrupção que chocou o mundo*. São Paulo: Companhia das Letras, 2020.

LANDIM, Raquel, *Why Not: como os irmãos Joesley e Wesley, da JBS, transformaram um açougue em Goiás na maior empresa de carnes do mundo, corromperam centenas de políticos e quase saíram impunes*. Rio de Janeiro: Editora Intrínseca, 2019.

LUPO, Salvatore. *História da Máfia – das origens aos nossos dias*. Título original: *Storia della máfia. Dalle origini ai giorni nostri*. Tradução de Álvaro Lorencini. São Paulo: Editora Unesp, 2002.

MELLO, Frederico Pernambucano de. *Guerreiros do Sol – violência e banditismo no Nordeste do Brasil*. 2.ed. São Paulo: Editora A Girafa, 2004.

BARRETO, Midred Cavalcante. Subsidiariedade e políticas de contraterrorismo na União Europeia- uma análise institucional. Dissertação de Mestrado apresentada na Universidade Federal do Rio Grande do Sul, em maio de 2022, disponível em https://www.ufrgs.br/ppgeei/dissertacao-midred-cavalcante-barreto-23-05-2022-08h00-videoconferencia/, acessado em 25 de maio de 2022

NAIM, Moisés. *Ilícito – O ataque da Pirataria, da lavagem de Dinheiro e do Tráfico à Economia Global.* Título original: *Ilicit (How Smugglers, Traffickers, and Copycats are hijacking the Global Economy).* Tradução de Sérgio Soares. Rio de Janeiro: Jorge Zahar Editor, 2006.

ROBINSON, Jeffrey. *A globalização do crime.* Título original: *The merger.* Tradução de Ricardo Inojosa. São Paulo: Ediouro, 2001.

ROSE-ACKERMAN; PALIFKA, Bonnie, J. *Corruption and Government – causes, consequences, and reform.*Cambridge: University Printing House, 2016.

ZIEGLER, Jean. *Senhores do Crime – As novas Máfias contra a Democracia.* Título Original: *Lês seigneurs du crime.* Tradução de Clóvis Marques. Rio de Janeiro: Editora Record, 2003.

https://www.unodc.org/pdf/crime/publications/Pilot_survey.pdf, acessado em 05 de maio de 2022.